京都人だけが食べている

入江敦彦

知恵の森文庫

光文社

京都人だけが食べている

◎まえがきにかえて

草《そう》餈《じき》なかひがし

煩悩の半分

座右の書というのがある。いつも傍らに置き、ことあるごとに、あるいは何もない日々のなかで、毎日のように何度も繰り返し読む本である。読むというよりページを開くって感じかな。そして一等好きな本というより再読率の高い本というほうが当たっている。そのたびに自分の心の変化によってもたらされる新しい発見や、懐かしい友人に会うときのような緊張を伴う安心感がみつかり、ほっとしたりどきどきしたりする。そんな大切な本達が私にもいる。

小説なら中井英夫の『虚無への供物』。エッセイなら橋本治の『世紀末人生相談』。マンガなら美内すずえの『ガラスの仮面』。学術書ならウィリアム・ホガースの『Analysis of Beauty』。各ジャンルに一冊（続きものもあるので一タイトルというべきか）という感じなのだが、料理関係の書物だけは、これが数冊あったりする。なぜなら料理を作る、食べる、愉《たの》し

『草袈《そうじき》なかひがし』の大根とだしじゃこの炊いたん

器：杉本立夫　絵唐津片口地紋

京都で一番予約の取れない日本料理屋さん。とくに季節のいい時期はかなり早いめが望ましい。はっきりいって、ここで食事をするために休暇をもらい、京都旅行を組んでも決して後悔はしない。「我が家へお迎えする気持ちで、お客さんをもてなす」のが、ご主人の中東さんの流儀だから、ここはいつも親友の家のように暖かい。あなたは、ここでは、「よそさん」ではない。

左京区浄土寺石橋町32-3（MAPⒼ）

☎075-752-3500　㊢12:00〜14:00　18:00〜21:00　月曜休　要予約

むという行為は私にとってそのまま文章を書くという一連の作業と相似形だからだ。それらは共鳴している。連動している。照覧しあっている。

非常に定番《ベタ》で恥かしいが、ブリヤ・サバランの『美味礼賛』はやはり気がつくとしょっちゅう開いている。彼の食に対する態度は私が仕事に関わるときの態度の指針みたいになっているのだ。

私が何よりも大切にしている〝日常〟と、その理想的な形を提示してくれるのが沢村貞子の『わたしの献立日記』。その美しさ。豊穣。これと対応する形で英国食文化の真髄を堪能させてくれるジョアンナ・トーイ『The Best of Breakfasts』と共に、いずれも読んでいるあいだ天国にいる気分である。

東京・三田のレストラン「コートドール」オーナーシェフ斉須政雄氏の『十皿の料理』からは矜持《きょうじ》――愛情と言い換えてもいいかもしれない――を学んだ。これを読むと、ものを書く仕事につけてよかったなあとしみじみ再確認させてもらえるのだ。

まだガキだった私に膨大なる未知の食を垣間見せて、この世界に引っ張り込む役目を果たしたロベール・J・クールティーヌ『メグレ警視は何を食べるか?』。私にとっては衝撃であった。大好きだった童話の絵本を開くように、今でもときどき手に取る。

だがオスカー・ワイルドのように誘惑に弱い私が枕元に置いているのは『向田邦子の手料理』。これは、いわばポルノグラフィー。想像力が生理的な快感を刺激する魅惑の一冊である。

さて、万人が認める日本の〝食の首都〟京都。むろん京料理について書かれた本も数多い。そのなかには名著だってたくさんある。私もかなり読んでいるし感銘も受けた。それはまるで京都で美味《おい》しいものを食べて感動する機会の多さにも似ている。だが、残念ながら座右の書となるような本にはまだ巡りあっていなかった。

現在の愛読書であり、新たに座右の書の予感がある本がある。「草喰なかひがし」のご主人中東久雄氏の『草菜根』。英国に持ちかえって、それはますます輝きを増した。なぜならば、この本には氏の料理同様、嘘がない。みせかけの虚飾がかけらもない。「なかひがし」は、イメージの残骸のような〝雅《みやび》の京〟ではなく〝今を生きている京都〟を鮮やかに彩る最高の店。京料理を新しいステージに導いた本物の味が楽しめる。

水の旨さ、火の旨さ、土の旨さ、空気の旨さを満喫できる奇跡のような存在だ。氏の料理について書き出したら美文的形容詞だけで一冊書ける。少なくとも私にはその自信がある。そしてここの素晴らしさは誰の目にも——舌にも——明らかなので、実際メディアがここを取り上げるとき、そこには美文的形容詞が躍る。だが氏の料理を描写すればするほど、氏の料理の純粋性から遠ざかってゆくのも事実だ。そしてこの書けば書くほど核心から離れてゆくような感覚は京都の食シーン全体についていえるような気がする。だから座右の書も見つからないのかもしれない。

京の味を描いた本の出版を考えるようになったのは、きっとそんな痛痒《つうよう》感が私にあったからである。斉須氏の本が「フレンチの」という地平から飛翔しているように『草菜根』は京都に縛られていない。私が書きたいのは、むしろこの都市に呪縛され、それゆえ魅力的な一冊。そう。枕元に置いてもらえるような。されば最初の一章は「なかひがし」に捧げたい。ご迷惑かもしれないが。

人間の三大欲望は【性欲】【睡眠欲】【食欲】だと言われている。確かに金銭欲や権力欲などこの三つに比べたら真剣味が足りないというか可愛いもんであろうと思う。

本書に取り上げる〝食〟は京都人の煩悩である。単行本では、その三分の一だったが、書下ろしを含め続刊と合わせて一〇八つが全部出揃《でそろ》いそうだ。

ともあれ京都人が食べている「ほんまにうまいもん」の世界へ「おこしやしとくれやす」。

＊**虚無への供物**……中井英夫（講談社文庫）876円　＊**世紀末人生相談**……橋本治　現在『青空人生相談所』（ちくま文庫）として入手可能。650円　＊**ガラスの仮面**……美内すずえ（花とゆめCOMICS①〜㊶）、（白泉社文庫）　＊**美味礼賛**……ブリヤ・サヴァラン（白水社）5800円　＊**わたしの献立日記**……沢村貞子（新潮文庫）400円　＊**十皿の料理ーコート・ドール**……斎須政雄（朝日出版社）1800円　＊**メグレ警視は何を食べるか？**……ロベール・J・クールティーヌ（文化出版局）絶版　＊**向田邦子の手料理**……（講談社）1600円　＊**草菜根**……中東久雄（文化出版局）1600円

寒もろこ付け焼き、山椒

器：加藤静允　模初期伊万里吹墨鷺紋染付中皿

『京都人だけが食べている』目次

私の拵《こしら》える和食は母方の祖母の味がすべてのベースになっている。仕事で手一杯の母に代わって、いっとき我が家の賄いを預かっていたのがこの祖母であった。私が物心つく前から通ってくれていた家政婦さんの高齢退職に伴う窮状を救ってくれたのである。

その家政婦さんにはひどく世話になったし、感謝は尽きないのだが、彼女には賄いのバリエーションが十ほどしかなかった。しかも、そのうちのひとつは肉屋で買ってきたコロッケと刻みキャベツだったし、魚は年中焼き鯖《さば》。季節感などカケラもなかった。

うちはよほど特殊なのだと私は長いこと思っていた。が訊《き》いてみれば、自営業の家庭に育った同年代の京都人の話はみな似たり寄ったり。貧しい食生活を送っていた者が多い。もっとも、うちの家政婦さんが手抜きだったのではなく、京都人にとって日々の食事とは〝そういうもの〟であった。京都は紛れもなく自営業の街。名目上は専業主婦でも、商家に嫁げば家事よりも家業のほうに労働のウエイトを置かざるを得ない。

ともあれ、いずれにせよ、京都人が味にうるさいなんて大嘘である。少なくとも特別に舌が研ぎ澄まされているわけではない。まして四季を取り入れた豊かな生活を送っているなんて——よそさんのために用意された——つくりごと《イメージ》である。

ただし、私が子どものころまでは、時代がまだ悠長で、そのぶん恵まれていたのは確かだろう。春には菜の花や筍《たけのこ》、夏には鮎《あゆ》や鯖寿司、秋には松茸《まつたけ》や栗、冬には猪肉《ししにく》や千枚漬けの到来物が、お得意さん、お客さんの手でもたらされるのは稀ではなかった。

お裾分けは、さらにお裾分けされ、季節は巡った。大多数の洛中に暮らす京都人はそんなふ

ちらし寿司

質素道楽

『ときわ寿司』のちらし寿司

細かく揉《も》んだ海苔《のり》を混ぜ込んだ黒い寿司めしを使う京風のちらし。すごく手間が掛かるらしい。手仕事なので揉み海苔の粉塵が舞い鼻の穴が煤を吸ったようになるという。太秦の映画関係者にもファンが多い店。

ちらし寿司2100円。

上京区千本通元誓願寺下ル元4-406（MAPⓒ）

☎075-441-7161　㊢12:00～22:00　不定休

うに、季節を流れとしてではなく、不意に背中を叩かれるように「あっ」という感じで報されていた。

さて、祖母の料理もワンパターンではあったが、件《くだん》の家政婦さんとは違い、出来合いではなく手作りであった。メニューは昔ながらのおばんざいがほとんど。けれど圧倒的に美味しかった。買い物のお供を務め、台所に並んで立ち、乾いた砂が水を吸収するように私は祖母の味を覚えていった。

特に私が固執したのは、ちらし（ばら）寿司。祖母に限らず京都のちらしはほぼ精進である。のちに東京で生魚がのったものを食べてカルチャーショックを受けた。

海の遠い京都では生魚は贅沢《ぜいたく》品。流通が発達しても祖母の世代にとってそれらは特別なものであった。そして時代が変りもはや特別でなくなっても祖母の年代の味を引き継いだ者には、それがスタンダードである。

そんなわけで、贅沢な東京風を知ってからも、手間隙のかかる質素なちらしを私は料《つく》っている。理由はない。ただ好きだからだ。食に限らず、文化や伝統なんて生き残るものだけが生き残るもの。護るべきではなく、護らざるを得ない、人々の衝動のようなものがそれを助ける。

干し椎茸、人参、蓮根、筍の水煮、高野豆腐、蒲鉾《かまぼこ》、ちりめんじゃこ、かんぴょう、などなど。それらの「かやく」を細かく刻んで甘辛く味つけ、煮汁を飛ばしたものが「すしのもと」。これを寿司飯に混ぜて揉み海苔を散らし金糸卵で覆い紅生姜《べにしょうが》をチョン。これが、京風ちらしのベーシックである。

調べてみると、こういうエコノミーなちらし寿司はかつて全国にあったようだ。おそらく家庭単位ではまだ残っている確率は高い。けれど京都のように上地ごと根づいている場所は少ないだろう。

いくらでも高級化できる本格的な寿司屋であっても、京都人のちらしの基本は同じ。たとえば微細な揉み海苔で真っ黒の寿司飯を使った「ときわ寿司」の特製ちらしみたいに、特殊な形に進化して生き続けている。シンプルに、それが「食べたい！」という京都人の衝動があるからだ。

悪貨は良貨を駆逐するという。贅沢は悪では（敵でも）ない。しかし「見映えのいい贅沢」はいとも簡単に京風ちらし的な「手間隙のかかる質素」を駆逐してしまうだろう。いちど失ったら、もう本当の意味で甦《よみがえ》ることはないというのに。

贅沢なものにしかない美味しさを、手間隙で補おうとしても無理。だが、質素でありながら手間隙がどうしても必要なものも、そういうものにしか宿らない掛け替えのない美味もちゃんとこの世には存在する。そいでもって両方あったってちーとも困らないと思うんだけどナ。

ところでロンドンでも私は京風ちらしをよく作る。「すしのもと」を多めに奢《おご》ってゲストにも出す。「日本風のお米のサラダね」と概《おおむ》ね好評だ。今日び素材集めに苦労はないが、やはり高い。英国では祖母のちらしは贅沢な上に手間隙がかかる道楽料理である。けれど、さらさらやめる気はない。

すんごい可愛い名前である。『福耳』。そしてまた、たいへん京都らしい。京の〝よきもの〟が込められているといってもいい。

洛北「大徳寺」にほど近い「松屋藤兵衛」。間口二軒ほどの小さなお店は、屋号を上げていなければ民家と見紛《みまが》い通りすぎてしまいそうだ。商いもまた佇《たたず》まい同様、ご家族だけの経営である。支店を持たず、配達もせず、百貨店への卸もしない。それゆえ目の行き届いた京の老舗《しにせ》ならではのやりかたを続けられている。

京の老舗というと、限られた人たちの間だけで、こっそり流通される贅沢品の印象がある。が、それは大間違い。そんな閉鎖的で排他的な店は京都では老舗になれない。京都人は権威を有り難がらない。

「いやあ、そんな大層なもん、わたしらなんかの口に入れたら勿体《もったい》のうおすわ。もっとお偉い方に（召し）上がって戴かれて（下さい）」——てなことを言って近寄らなくなる。

この創業二百年を越えるお店が地方発送と直売りだけなのも、「少しでも安く美味しいもんをお客さんにお届けしたいさかいに」という理由からだ。それでも、いや、それだからこそか名代の銘菓『松風』はいくら作っても作っても注文と予約でつねに手一杯。店先にはいつも「只今売り切れております」と札がでている。ふらりと立ち寄って購入することができるのは、かなりの幸運といえる。

そんな幸運に恵まれた上、運命の女神が微笑《ほほえ》んでくれているような大ラッキーの日にしか手に入らないのが『福耳』。これは、白味噌の風味で焼きあげたカステラ風の菓子『松風』を整

福耳

幸せの愉しみ方

『松屋藤兵衛』の福耳

京の銘菓、松風。大徳寺納豆の入った紫野味噌松風はここのオリジナル。この豆の風味がお薄にぴったり。切り落としを無駄にせず「福耳」と称してそっと商われている風情もまた侘茶《わびちゃ》の精神か。

福耳420円。いつ店頭に出るか予測不可能、予約不可。

北区北大路大徳寺バス停前（MAPⒷ）

☎075-492-2850　㊋9:00〜18:00　木曜休

形したあとに残る〝切り落し〟である。

焼き型に触れた生地、つまり耳の部分は焦げやすい味噌が混ざっているせいもあって素晴らしく香ばしく、煮詰まったような旨味と、本体とはまた違ったみっちりとした独特の歯応えがある。当然ながらひと袋がいっぱいになるまでに五、六個の『松風』が必要となり、それゆえにこれは貴重品。僥倖《ぎょうこう》の賜《たまもの》だという意味が判ってもらえるだろう。

もちろん『福耳』だけを注文することはできない。どうしても欲しければ『松風』を福耳ができる分量予約して「『福耳』も付けて下さい」と頼むしかない。けれど、それは本末転倒。松風を求めて訪ねた店先で偶然発見したものを購《あがな》うからこそ、ただの〝耳〟が福耳になるのだから。そして〝福〟は、誰かのために残しておいてあげてこその〝福〟なのだから。

要はかんかんにならず、貪欲にならず、さりとて諦めず、お店に伺うことである。

『松風』が包装されるのを待つしばしの時間、店先に飾られた鉄斎の書を鑑賞し、折々に風雅な軸を、掛け花に活けられた季節を眺めるのは楽しい。ご主人の前野さんや奥さんと〝京都な〟会話を交わすのも、また、福耳果報というものである。

そんなふうに訪ねているうち、お口に入れる福耳も、思いがけず、ひょっと手に入るだろう。

老舗とは客と主人のあいだに触れ合いがある店をいう。それは茶席における【振り】と呼ばれる麗しい人と人との関係である。京の老舗にはしばしば茶の湯の精神（あるいは哲学）が生きている。関白秀次の付き人として茶会を仕切っていたという前野家の先祖は名門の武家。御所務めをなさっていた方もいるというから本当に格の高いお家だ。

「それがいまではお菓子を作ってるんやからおかしなもんでんな」とご主人は笑う。なんの、そういうご先祖様なればこそ『松風』は生まれ得たのだといえる。

この菓子の味覚のアクセント『大徳寺納豆』は一休宗純が伝えたとされる。浜納豆に似た、しょっぱい大豆の発酵食品。『唐納豆』ともいう。真っ黒の粒はまるで漢方薬のようだ。京都の厳しい夏が育《はぐく》む天然の滋味は「おいしい！」と唸《うな》るようなものではない。が、お茶受けにしてもいいし、固形ブイヨンのように使うと椀物などぐっとコクが増す。私は「磯田」*のものを英国にも常備している。

一休が現代茶道のルーツを築いた村田珠光を導いたことを考えると、お茶の先生がことさらに『松風』を好む理由が判る気がする。偽善と虚飾を嫌った一休の風狂が、茶の湯の真髄がこもっている。

前野さんとお話ししていたとき「孫がね、松風を薄うに切ってオーブンで表面カリッと焼いてバター塗って食べると美味しい、いうんですわ。試してみたら、ほんまにええ感じでね。コーヒーにも合いまんな」と言われ、一瞬驚いた。

しかし考えてみれば、この衒《てら》いのなさ、味覚の広がりこそ茶菓子になくてはならぬ性質。京都らしさなるものが、硬直した雅のイメージなどではなく、実は変幻自在、無限の姿を有しているように。そしてそれこそが京の〝よきもの〟の愉しみ。京の〝福〟なのである。

*大徳寺納豆 本家 磯田……北区紫野下門前町41（大徳寺東門前）

あなた、箱、捨てられます？　箱でなくとも、空缶、リボンやラッピング、躊躇なく分別してゴミに出せます？

「出せる」という人に教えてしんぜよう。この世の中にはそういうものを後生大事に残しておきたがる人種が存在する。

「なにか使い道があるかもしれない」というのが彼ら、彼女らの理屈。でも別に本気でそんなことを考えているわけではない。とどのつまりは「なんとなく」。強いていうなら、それらが包んでいた中味に対する愛情が染みついているような気がするから、である。

気が短いから丁寧に剝がすことができないので、包装紙こそ捨ててしまうけれど、私もまた、それ以外はどうしても塵芥《ちりあくた》扱いすることができないタイプ。従って部屋はしっちゃかめっちゃかである。

あるとき、それは端正に暮らしている漫画家の吉野朔実嬢の部屋で、彼女の整理整頓術を指南していただいた。

「なるべく物を持たないようにして暮らしてるけど、やっぱり溜まってくるじゃない。だから捨てるもののレベルを上げてみたの。そしたらずいぶんスッキリした。片付けたいなら思い切って捨てる。それに尽きる。あとは、そのレベルを維持することね」

なるほど。しかし納得はしたものの、これを実践するのは勇気がいる。きっと必要なものを捨てて後悔したり、捨てなきゃよかったとウジウジ考えたりするだろう……と思っていたが、やってみると、当然、そんなことはないのであった。ただ、肝心のレベル維持ができなかった

水尾の柚子

パッケージのかほり

「かね松老舗」の水尾産柚子

確実に最高の状態の京野菜を手に入れたいならば「かね松」。お洒落な店になっちゃってウタタコンジャクの感に堪えない。が、あくまでブランド野菜ブティックではなく〝八百屋〟のスタンスを崩さない姿勢が偉い。

中京区錦小路通柳馬場西入（MAPⒺ）

☎075-221-0088　㊝10:00〜18:00　不定休

ので元の木阿弥だったけど。しかし、そのときしみじみと実感した。空箱で埋まった部屋の住人は、普段から何もしなくても必要なものをなくすし、捨てても捨ててもその手で違うものを摑む。後悔などしている暇はない。と。

そういえば、数年前に引越したときも似たような感慨に打ちひしがれたのを思い出す。いったいこの狭かったアパートの、どこにどうやってこれだけのものが隠れていたのか？　と、魔法でも見るように段ボール箱の山を眺めたものだ。

ここぞとばかり朔実嬢の金言を守り、捨てるレベルを上げたのはいうまでもない。服だけで大型ゴミ袋三つぶん、ぎゅうぎゅうに詰め込んで難民救済のチャリティ・ショップに寄付した。が、にもかかわらず、それまでの倍近くあったはずの新居の衣料スペースが、すでに超過状態になったときは、きっと何かの呪いに違いないと確信した。

閑話休題。呪われた人間を嘲笑《あざわら》うかのごとく、京都の菓子や食品は凝ったデザインのパッケージに収まっていることが多い。たとえば「八百三」の柚子味噌。この陶製の容器を、中は食べちゃったからといって捨てられる人とは、呪われていないというより、根本的に私とは人種が異なる気がする。きっと話も通じない。

この柚子味噌、お店では経木に入った詰め替え用が売っている。邪魔になるのが判っているのだから、最初からそっちを買ってタッパーにでも移しておけばいいのだろうが、やっぱりそれでは味気ない。罪な器だ。

ただ薄味の出汁で煮ただけの大根。じっくり油で焼いた茄子。湯掻いただけの三度豆。そういうものにひと匙載せただけで〝京の味〟を完成させる柚子味噌。お惣菜がたちまち大ご馳走になる。舌の上で香りの花が咲く。ひらめいて、泡立てた生クリームに混ぜ、シフォンケーキに添えたら、これまた京を偲ばせるに充分な美味となった。

京都で柚子といえば、水尾。最寄の保津峡《ほづきょう》駅に降りれば、もう柑橘の匂いがひたひたと打ち寄せている。旧道を一時間ほど歩けば、柚子の香で村の近きが判る。京都最高の散歩道のひとつだ。梅の季節を除けば花の咲き始める春先から、名残の果実の砂糖炊きの湯気がたち込める冬ざれの頃まで、いつでもここは柚子が匂っている。なかでも私は真夏が好きだ。小さい青い固い実が葉陰で凜然《りんぜん》と香りをたてる果樹林は、神性すら感じさせる。

この青柚子の皮を擦ったものは百薬味の長。あまり若いとエグいけれど、僅かでも熟すと、たちまち柚子独特の甘みが起ってしまう。稲妻のように瞬間閃く残酷なほど強い翡翠《ひすい》色のゼストだ。

砂糖煮でも『柚こしょう』にしてもなお風味絶佳な柚子の皮は、買いたてを急いで削《そ》ぎラップして冷凍すればかなり長く香りが楽しめる。ロンドンではこっそり持ち込んだものを米酢と蜂蜜で漬けているが、これですら何がしかの代用品にはなる。だがこの青柚子だけはもとが鮮烈なぶん、どうやっても本来の良さが蘇らない。夏の水尾でしか起らない蜃気楼現象のようなものだと思って再訪のチャンスを伺うしかない。

あの長閑《のどか》な村だけが青柚子を香りごと収められる唯一のパッケージ容器なのである。

京都の〝食〟に関する最大の誤解は「あっさり」であろう。はっきり言って京都の味はちっとも「あっさり」なんかしていない。のに、よそさんが信じてくれない。この誤解の最大の問題点はまさしくそこにある。おまけに当の京都人までもがイメージの良さに囚《とら》われて、あっさり好きをネイティヴの証明などと思い込んでいたりするから厄介だ。それは単に個人的な嗜好であって京都とは何の関わりもない。なんでもかんでも「あっさり」させたがる京都人は、太っているのに人前でだけ小食を装う人間にも似て鬱陶《うっとう》しい。

京都人の味覚のベクトルはむしろ正反対の「コッテリ」に向かっている。なぜそうなるかの検証は拙著『やっぱり京都人だけが知っている』のなかで行っているので併読されたい。で、そのときに京都＝コッテリを読み解くテクストとして利用させていただいたのが洛中発「天下一品」のラーメンであった。これほど京都のイメージから遠く、しかしながらその人気と拡散力によって実は京都的であることを実証しているサンプルは珍しい。

私が京風を謳《うた》ったラーメンを食べた最初の記憶は「あかさたな」であった。四条河原町角『阪急百貨店』の食堂階にその店はあった。麺は鹹水《かんすい》の多い人工的なコシの強い極細のストレート。スープはむしろうどん出汁《だし》――むろん関西風の透明なもの――に近かった。ちまちまとカラフルに盛られた具はおママごとのようで、いかにもよそさんが考案した京風の絵面であった。

そのラーメンは、まだ中華そばかインスタントしか知らなかったチューボーの私にはひどく

天下一品

パラサイト・ラーメン

『天下一品』本店のこってりラーメン

通称「天一《てんいち》」。ここで「あっさり」を注文する生粋の京都人は少ない。かなり濃厚なスープが身上。京都ラーメン＝コテコテのイメージの発祥店だろう。なかでも本店はもっとも濃いといわれる。

ラーメン（こってり並）630円。地方発送可（☎0120-299-001）

左京区一乗寺築田町94（本店：北白川）（MAPⒼ）

☎075-722-0955　㊖11:00〜翌3:00　木曜休

新鮮であった。しばらくは繁華街に出るたびそこで食事をした。まだデパートでも和洋中揃った大食堂が主流を占めている時代の話だ。もの珍しく感じたのは私ではなかったのだろう。一時は隆盛を極めていた。しかし、このとき私たち京都人はまだ「天下一品」に出会っていなかったのだ。

「あかさたな」は現在でも相変らず〝京風〟を主張しながら営業を続けている。ただし私が通った阪急店もふくめ京都からは駆逐されてしまった。京都人が好む本当の京風コッテリラーメンが登場し、絵に描いた餅のような「あっさり」は出る幕がなくなった。

京都ラーメンはまさに花盛り。「天下一品」だけで一七〇も支店がある。しかも店ごとの微妙な味のばらつきを楽しむように京都人はそれらをお遍路したりする。インターネットで検索すれば、詳細なレポートをアップした信者のサイトが林立している。

その個性の強さから「天下一品」を嫌う京都人も当然いる。が、反面、よそさんすら病みつきにしてしまう魔力も秘めている。私も最初に食べたときは「なんやこれ」と思った。しかし、しばらくすると、ふと頭の隅で「天一（京都人は略してそう呼ぶ）食べたい……」と考えている自分を発見した。一度でも口にすると強烈なインパクトは楔《くさび》となって味覚中枢に打ち込まれてしまう。そして何かの拍子に激しい希求となって舌の上に甦るのだ。まるで『パラサイト・イブ』みたい。

そんなよそさんの要望に応えるべく、天一はゲル状のスープを真空パックにし、麺とともに持ち帰れるようにしている。全国宅配もＯＫで、布教に余念がない。私もパラサイト・イブ現象が起こったときに備えて、この宅配セットをロンドン行きのトランクに詰めていったことがある。

あくまで非常用だから冷凍を試みたのだが、このスープときたらバナナで釘が打てるような強力フリーザーのなかでも凍結しなかった。いったい何でできているのやら。やはり少々呪術的な力を秘めているのかもしれない。そういえば昔よく行っていたゲイバーのママが京都土産にこれを貰ったがスープは捨てちゃったワと笑っていた。

「だってェ今にも動きだしそうで怖かったんですもの」とはケダし名言である。

しこしことしたラーメンは美味い。濃厚なトンコツも麺はそれに対抗できるアルデンテであるべきだろう。ラーメンにのみならず、蕎麦《そば》やうどんだってコシはあらゆるヌードルの命だ。そんなことは百も承知で京都人は麺とスープが渾然《こんぜん》一体となった〝今にも動きだしそう〟なものばかり啜《すす》っている。

人気の高い京都ラーメンの銘店のほとんどはこのタイプだ。それどころか京都人の隠れた好物麺類はラーメンでなくてもコッテリしたものが目立つ。大阪人がキツネに示すような愛情を京都人が抱《いだ》く昔ながらの『あんかけうどん』はシンプルな味覚だが、片栗粉でトロみをつけた出汁と柔かなうどんの組み合わせは「あかさたな」的〝京風〟とは一線を画したボリュームに満ちている。だいたい京都人はこれを汁ものにして箱（押し）寿司など食べるのだ。

コッテリ好みは京都人のミトコンドリアに寄生した特殊なＤＮＡの性質かもしれない。

銀幕に映る食事はどうしてあんなに美味しそうなのだろう。

食を描いた映画。たとえば『コックと泥棒、その妻と愛人』や『バベットの晩餐会』『タンポポ』『ギャルソン』。いや、そうした食べ物が主人公の作品でなくても『テス』の苺《いちご》、『トリコロール・青の愛』のエスプレッソをかけたアイスクリーム、『最後の戦い』の魚（と、ワイン）、『秘密と嘘』のバーベキュー、『二〇〇一年：宇宙の旅』のハムとチキンのサンドイッチ、『カリオストロの城』のスパゲティ、『ブレードランナー』の二玉入りウドン、みんな映画館を出てその足で食べに行ったりスーパーに飛び込んだりしたものだ。

『ガメラ3』のカレーライスでさえ観終ったあと家で作った。例外は『レイダーズ2』の猿の脳味噌の活け造りぐらいだろうか（『ハンニバル』の胸腺肉料理も勘弁）。

さて、すぐに欲求を満たしてやることができれば問題はないのだが、これが叶わないとなると「食べたいなあ」程度だった気持ちが「食べなきゃ」という強迫観念に変る。今日びたいていの食材は日本でも英国でも入手可能だが、ほんの十年、二十年前までは泣いても叫んでもないものはない、どうしようもない食材というのがいくらでもあった。だからといって諦めきれるほど人間ができていない、というか食に関しては異様に執念深いので忘れられないのだ。『シェフ殿ご用心』という映画で観たパリの三ツ星レストラン『トゥール・ダルジャン』の鴨《かも》料理など十五年越しで勝負をつけた。

はっきりいって、ベッドを共にした人の顔は忘れても、その人と一緒に食べた美味しいものは覚えている。それどころか私は初恋の人が誰だったか判然としないし、初めての性体験も記

カツサンド

挟まれた宇宙

『志津屋』のカツサンド

ベーカリーチェーンの草分け的存在、志津屋のカツサンドと卵サンドは1960年代生まれの京都の子供の憧れであった。パンよりも具のほうが厚いサンドイッチというのをかつて知らなかった。今でも美味い。

元祖ビーフカツサンド409円。

下京区JR京都駅八条口（京都駅店）（MAPⓁ）

☎075-692-2452　㊖7:00〜23:00　無休

www.sizuya.co.jp

憶にない。けれどキャビアを最初に食べたシチュエーションも、フォアグラに遭遇した日のことも、トリュフの香りを知った食卓の陶酔も、それこそフィルムを観るように心に再現できる。まだ映画というメディアと出会う以前から、TVや漫画といった情報を通して子供心にも憧れの食があった。吉田戦車が〝マンガの肉〟と表現していた〇の上下を人差し指と親指で押えて歪《ゆが》ませたような形に骨を突き刺した記号化した形象――『ギャートルズ』に出てくる肉といったほうが判りやすいか？――で描かれる「肉の丸焼き」などもそのひとつだろう。焚き火で炙《あぶ》って、骨を鷲摑《わしづか》みにしてムシャムシャやりたいと夢みていた。

のちにヨーロッパの食文化に触れ、〝マンガの肉〟が、おそらく羊の腿《もも》のローストであろうと予想が立った段階で、急速にその魅力を失ってしまったのは残念であった。映画のヴィジュアルみたいに具体性を伴っていなかったのが原因だろう。

パンよりも具のほうが厚いサンドイッチというのも私の永遠の恋人《ベアトリーチェ》であった。どのくらい憧れていたかというと、私はそれの絵を描いた。思いつく限りの好物をパンの間に挟んだポートレートを。そこには〝マンガの肉〟も例外なく重なっていた。サンドイッチのパンには不思議な力があって、その間の空間にはありとあらゆるものを、世界さえ宇宙さえも挟んでしまえるような気がしていた。そしてそれがサンドイッチである限りは上下を両手で押えて一口で齧《かじ》ることが可能なのだと。

その夢想の元が何かは記憶に鮮明でないのだが『ドラドラ小猫とチャカチャカ娘』『アーチーでなくっちゃ』などハンナ・バーバラ製アメリカアニメではないかと推測できる。登場人物たちは巨大なホットドッグや、うずたかく積み上げたサンドイッチにケチャップをぴゅーっと搾って食べていた。六〇～七〇年代の食生活も含めた古き良きアメリカの豊かさが伝わってくる作品群であった。

しかしこれも後年、NYのデリでクラブハウスを注文したら本当にハンナ・バーバラなサンドイッチがでてきて肝を潰して以来、〃マンガの肉〃よろしく輝きを失った。アニメの少年少女は痩せてかっこいいけれど、現実にこれを食べて暮らしていたら糖尿病か肥満は必至。本当に太っているというのは、どういうことかを身を以て示してくれている人々に囲まれて私は胸が詰まった。

夢は〃隣の芝生〃だ。きっと私の夢のサンドイッチはアニメのなかにではなく、アニメに夢中だったころ「志津屋」で売っていたのだと今になって思う。当時としては破格に具の厚かったカツサンドや卵焼きサンドには宇宙が挟まれているくらいの価値が子供にはあった。

志津屋さんは偉い。昭和四十年代のままの値段で現在でもこの『元祖ビーフカツサンド』を販売している。夢は現実になって、それでもなお志津屋のカツサンドはしみじみと美味しい。それは生きている美味しさだ。もし映画のなかでサンドイッチを食べるシーンをみつけたら、私は迷わず志津屋に走るだろう。

私の相方は英国人なのに日本の漬け物が好きだ。そこでロンドンに糠《ぬか》を持ち帰り、こちらでも旬の胡瓜《きゅうり》や茄子《なす》、赤蕪《あかかぶ》、大根、白菜などを漬け込んでいる。

美味しい漬物を食べたいなら、やらなきゃ駄目だよと言ったら、本当にちゃんと毎日糠床をかき混ぜている。きれいな色に上がるように野菜に明礬《みょうばん》をまぶす小技も覚えた。酸っぱくなり過ぎないようときにはビオフェルミンを混ぜて乳酸菌のバランスを整えるのも忘れない。洋の東西を問わず食いしん坊というのは御し難いものである。

糠漬けを京都では「どぼ漬け」と呼ぶ。たぶん糠床の外見から「どぶ漬け」と称されていたのが、それではあんまりだからと転訛《てんか》したのだろう。京都語には露悪的なほど尾籠《びろう》な言葉が多い。が、彼らは同時に、それを控えめに包み隠して表現する。変な人らや。上げて、下げる。下げて、上げる。

京都人は素直じゃない。だいたい「私、これ嫌いとちゃうわ」のほうが「私、これ好きやわ」よりも上位の言い回しだなんて、京都人以外にはまず通じないロジックだろう。

漬け物嫌いの日本人は、チーズ嫌いのフランス人並に珍しいだろう。とりわけ京都人はこの食材を偏愛している。

それは何も美味しい『京つけもの』があるからではない。高価な京つけものを普段からパリパリやってる京都人は少ない。だってケチだもん。そりゃあ『柴漬け』が食べたくなったときにナショナルブランドを買ったりはしない。だが、日常的にはどぼ漬けや沢庵（「こうこう」「おこうこ」と言う）をもっぱら齧っている。京つけものは京都人にとっても贅沢品なのだ。

すぐき

つけもの行儀

『御すぐき處　なり田』のすぐき

京都人の冬の愉しみ、上賀茂名産すぐきの漬け物。ならではの個性があるけれど、このクセこそ京都のクセである。なり田は時候漬けを作っているので夏場もすぐきがある。よりクセの強いこちらを好む通もいる。

すぐき100gあたり294円。１本約1050円～

北区上賀茂山本町35（MAPⒶ）

☎075-721-1567　㊔10:00～18:00　無休

www.suguki-narita.com

私がかつて務めていた某アパレル企業の本社は大阪にあったが、発祥の地だからということで『京都の会社』を名乗っていた。と、いっても場所は府の北部、綾部市である。ここには本工場があり、新入社員だった私は研修のために生まれて始めて洛中以外の京都を体験することとなった。

研修自体がどうこうというより集団生活ができない——苦手、ではない。不可能なのだ——私には辛《つら》い三カ月であった。わけても困難を極めたのは食事。単調でも単純なぶん昼ゴハンはまだ我慢できたが、夕食の献立は耐えられなかった。昼に出たうどんが、その具であった蒲鉾や蓬蓮草《ほうれんそう》と共にマヨネーズで和えられ「サラダ」として食卓に上がった日、私はアイデンティティー・クライシスに陥った。そして夜のみではあるが食べることを拒否することにした。

当時まだ綾部にコンビニはなく、また工場終了時間には近くの商店街は閉店していた。カロリーは週末洛中に戻って摂取するのみ。ゆえに私はどんどん痩《や》せていった。人事は私の体調を慮《おもんぱか》って困り果てたようだが私もパニック状態だったのだ。この事件以来、食事が改善されたという話こそ聞かないが研修期間はいっきに短縮された。我が闘争《ハンスト》は現在も語り種《ぐさ》らしい。

このとき、昼食も、おかずにはほとんど手をつけられなかったので、頼みの綱というか唯一の救いはテーブルの中央に置かれた漬け物の鉢であった。『京都の会社』に相応《ふさわ》しく、毎度どぼ漬けと沢庵である。だがまた『京都の会社』らしく、ご丁寧にこんな立て札が卓上に乗っていた。

「おかずを食べ終わる前に、漬け物に手をつけてはいけません」

行儀作法にうるさい会社であった。それはきっと正しいマナーなのだろうが、そこには、そんなことをいう前に「おかずの質を上げよう」という発想はない。躾《しつけ》とは、する側に説得力がない限り、なんの効果も意味もないと私は考える。

行儀というと、私が子供時代父親から繰り返し聞かされた話を思い出す。彼が疎開していた先で、卓袱台《ちゃぶだい》に肘をついて食べていたら、いきなり腕をなぎ払われ茶碗ごとひっくり返ったという〝厳しい躾〟のエピソードである。父親はいかに行儀が大切かを説きたかったのだろうが私には「なんて下品なんだ」としか思えなかった。

「なぜ、その人は手を上げる前に一言注意をしなかったのだろう?」と。食事も台無しじゃないか、とか。

近頃の若いもんは行儀が悪い。家庭での躾がなっとらん的憤慨をよく耳にする。気持ちは解るが、本来マナーなんて教えられて身につくようなものではない。結局は本人の心がけ次第じゃなかろうか。

たとえ京つけもののなかで最も高価な「すぐき」であっても、ざくざく切って丼《どんぶり》にどーんと盛りつけるのが私は好きだ。そして「おかずが終わってから食べてや」なんて言わない。言わなくても主菜を食べ残して漬け物に手を出すような友達はいない。

漬け物の作法など知らない英国人の相方も、最後にごはんをふんわりお代わりして、どぼ漬けのお茶づけを美味そうに啜っている。

夜毎《ごと》、飴を買いに来る女を不審に思い、店主がつけたところ、あにはからんや女は墓地に姿を消した。翌日その寺の住職とともに調べてみれば、土中より赤子の泣く声が。憐れ、死んだ孕《はら》み女が棺桶で出産し、その子を育てるために幽霊となって乳がわりの飴を求めにきていたのであった。その子は寺に引き取られ、長じて高僧となったという――。

なにも働くシングルマザーじゃあるまいし、化けて出られるくらいなら「いやー、埋《い》けられた後になって生まれちまってよー。手間掛けるけど、ひとつ掘り出してやってくんない？　すまねーなー」とヒトコト告げればよかったのにと思うのだが、まあ、そこは幽霊。やっぱり生きているときより馬鹿になっているのだろう。

やっぱり京都がすごいと思うのは物語の舞台となった飴屋が「みなとや幽霊子育飴本舗」として現に存在しているところであろう。場所も冥土《めいど》とイケイケの「珍皇寺」がある六道の辻で、芝居がかって念が入っている。

このエリアは京の虚構性（と、その性質）をあますことなく表現していて興味が尽きない。もはやこの話が本当かどうかなんて、どうでもいいことだ。近隣の縁切り神社「安井金毘羅《こんぴら》」では今日も新しい都市伝説《アーバン・ミス》が墓場の赤子よろしく産声をあげている。明日にも何処かで『不倫成就飴』や『愛人呪殺飴』なんて看板が立っても、ちっとも不思議ではない。

「みなとや」の『幽霊子育飴』自体は懐かしいというよりは素朴なまでに素直な甘さの結晶で、ミルク味とかでないところが逆にリアルだ。が、『愛人呪殺飴』を発売するならぜひイカ墨入りかなにかで真っ黒なのにして戴きたい。って誰に頼んでいるのか。

幽霊子育飴

虚構キャラメル

『みなとや幽霊子育飴本舗』の幽霊子育飴

別名を薬飴。琥珀《こはく》を砕いたように美しい。舌に乗せれば何の刺激も雑味もない、たいへん純粋な糖蜜の味がする。材料は水飴と砂糖のみとか。なるほど、これなら赤ん坊に舐《な》めさせても問題ないと思われる。

幽霊子育飴500円。地方発送可（10袋以上）

東山区松原通東大路西入ル（MAPⓀ）

☎075-591-6005（本舗）　㈾9:00〜18:00　不定休

リアルな虚構はいまや京都の武器である。子育飴はエピソードもマイナーだから、ひっそりした商売が似合うけれど、現代を代表する流行神《はやりがみ》「晴明神社」などはもっとこの伝に倣って地域メディアミックスすればいいのにと私は思う。

少なくとも「鶴屋吉信*」は晴明さんで厄除《やくよ》け済みの小豆を使用した『晴明饅頭《まんじゅう》』を売り出すべきだろう。むろん五角光芒の星型焼印が捺されていなければならない。ついでに「西陣織会館」も現行の貸し衣装サービスに平安京コスチュームを早急に加えるべきだ。あの界隈《かいわい》を烏《え》帽子《ぼし》に狩衣《かりぎぬ》姿のオタクが饅頭食いながら闊歩したら、どんなにか嗤える…いや西陣も活気づくだろう。

ついでに晴明さんには残念ながら奉納舞の舞台がないから近所の「白峯神社」のを借りて野村萬斎に狂言をやらせるのはどうだろう。笑止な夢は果てしなく膨らむ。

だが、こういったシェイクスピア的中世的な混沌とした祝祭性は京都なるミヤコ本来の持ち味だったはずなのだ。祇園さんや「今宮神社」のやすらいさんなど京の古祭には、とんでもなく猥雑《わいざつ》でアンビギュアスなエネルギーが横溢《おういつ》している。今の京都に必要なのは、そういった原京都の血を継ぐ新しいマツリなのではなかろうか。

京都人にとっては当たり前だと感じるものが存外よそさんには虚構の快楽と刺激に満ちたものだったりする。京都人は自己完結しているのでそれに気づかないだけ。

よそさんの要求する陳腐な京のイメージに自らを閉じ込めてしまうのはもうやめて、もっと傲岸《ごうがん》になるべきだ。「これがホンマの京都どす。あんたら勝手にお愉しみやす。嫌やったらご自由にお帰りやす」と本当に自分達が好きなものだけを自信を持って開陳すべきなのだ。
京都人が普段食べないものを京都の味として売るのはやめて、『幽霊子育飴』始め、この本に紹介しているような食や、有り得べき『愛人呪殺飴』『晴明饅頭』をよそさんにも食べさせたい。

このあいだ『幽霊子育飴』を舐めていたら、はるか昔に似たような味を経験していることに気がついた。うちの母親が手作りしていたキャラメルがそれである。料理などしている暇などカケラもなかったはずの職業婦人の彼女が何を血迷ったか参加した製菓教室で初日に習ってきたレシピであった。

結局、初日が最終日になったので母のレパートリーはそれ以上広がることはなく、いちじ彼女はオウムのように繰り返しキャラメルを作っていた。甘いものなら何でも嬉しい年頃だった私は文句などなかった。それに何よりキャラメルを包む透明の色つきセロファンが好きだった。

舌の上でバターの風味を転がしながら、目にセロファンを当てて歩くと、いつもと同じ街並が異次元に姿を変えた。残念ながら子育飴とはデキが違ったせいで高僧にはなり損ねてしまったが。

京の味はテクニカラーのセロファン製アイマスクを食べる人にかける。それらを愉しむ者の前に京都は虚構の貌《かお》を現すだろう。

＊鶴屋吉信……上京区堀川今出川西北角

会社勤めをしていたとき、ところてんのことで同僚たちと大激論になったことがある。男女入り交じり大の大人が目尻に涙まで浮かべて『正しいところてん』について阿鼻叫喚の舌戦をやらかした。

ものがところてんなだけに哀しいものがある。けれど、しょせんところてんであるがゆえに誰も他人の意見を受容できなかった。

京都人にとってところてんは黒蜜で食べる「おやつ」である。わらび餅と並ぶ夏のお三時の定番だ。三杯酢だの、青海苔だの、七味だの、辛子だの、箸一本だの許せるものではない。断固として甘くなければならない。そのときは「なぜ」なのか各々が主張しあったけれど、要は他人の流儀が許せないだけ。意見なんざ聞いちゃいない。

全国チェーンのスーパーマーケットが近所にできたとき、そこで買ったところてんに添えられていたのは三杯酢であった。当然黒蜜だと思って口に運んだ私は、その瞬間に「腐ってる!」とショックを受けてその場に吐き出した。ヘレン・ケラーがカレーを食べてまさか「辛いと思わなかった」ものだから驚いて吐き出してしまったようなものだ。洗面所まで我慢することすらできなかった。

よく考えればじゅんさいの酢のものなど似たようなものだし、しかもそれは当時から私の好物であったにもかかわらず、ところてんは耐えられなかったのだ。これは人間というものがどれだけ舌ではなく頭でものを味わっているかということを証明している。

以前、友人知人が大挙して東京からうちを訪ねてくれたので料理を作ったところ、なかの一

すき焼き

ジュネーヴ鍋

『モリタ屋』の京都肉と京野菜のすき焼き

京都人が「すき焼き」と言ったとき思い浮かべるのがモリタ屋のスタイル。そして「これこそが」と信じて疑わない。とてもリッチな味わいの肉が愉しめる。

すき焼き特選7870円。写真は二人前。メニューは他に松6090円、竹5040円、梅3990円（サービス料別）。

中京区猪熊通四条上ル西側錦猪熊町521（四条猪熊本店）

(MAPⓙ)

☎0120-78-0298　営11:30〜23:00（日祝は〜22:00）　無休

www.moritaya-net.com

人がそのボリュームを見て、

「こんなに量があったら、それだけで食う気なくしちゃうよな」と感想を洩らした。

そいつだけなら蹴りだすところだが〝場〟の空気を大切にする京都人は「ほなら、食べんでよろし」と言っただけだった。

だが、そういう下品な口をきいて平気な人間ほど聴く耳も持たないものだから、不満を述べたその口で誰よりもたくさんパクついていた。ともあれ人は、味どころか量でさえ見慣れないものをウケツケなかったりするのだ。困難な生き物よのう。

鍋奉行というのは、なりたくない名誉職の代表みたいなものだ。そう呼ばれて煙たがられる人は、たいがい純粋により美味しく食べてほしいという心根の発露からあれこれ指示を出してしまうわけだが、この気配りはあまり余徳がない。ジェフがセーコに捧げた『心からの愛』よりも報われない。

鍋物を食べるという行為は一蓮托生というか、運命共同体というか、全員が同じ味つけ、同じコンディションのものを受け入れざるを得ない状況を前提としている。生まれも育ちも違う複数の人間が、各々の嗜好を忘れなければこの食事は成立しない。「鍋を囲む」というのは幸せな響きのある言葉だが、そういう意味で鍋のある食卓は一歩間違えればところてんよろしく戦場と化しもする。

家でやってもたいして味も変らず、断然安上がりのはずの鍋が、こんなにも外食、とくに宴会料理の場でポピュラーなのはその店が中立国家か国連会議だからだ。

鍋料理というのは、内輪の誰かの嗜好に服従しなければならないのが不満が膨らむ最大の理由。だから〝誰にとっても他者〟による采配の結果ならばそれが少々自分の味覚や自家の作法から外れていても納得しやすい。普段は思わず鍋奉行役を引き受けてしまう人も、プロの給仕がいれば任してしまえるから、それに越したことはないのだ。

それでも口を出さずにおれない人は、これは生来の鍋奉行だからご愁傷様という他はない。心安らかに鍋を食べるにはたった一人でつつくしかない。

妹尾河童《せのおかっぱ》さんが紹介していた中華風白菜鍋「ビエンロー」をちょくちょく友人とする。河童さんは本のなかで「人がどんな塩加減で食べているか気になってしかたがないから、ちょっと味見をさせてもらう」と書いていた。その気持ちはとてもよく解る。各自、スープに塩を溶いて唐辛子を振るだけの単純なタレだからこそ個人差が際立ち、余計に知りたくなるのかもしれないが、総じて鍋とはそういう食べ物なのだと思う。

だがとりわけ難しいのは、すき焼きであろう。ビエンロー含め薬味やタレの具合でまだしも自分の嗜好に近づけることが可能なその他の鍋類と違って、すき焼きはそれこそ撃ちてしやまん一億玉砕鍋である。しかも味が濃いから取り返しがつかない事態に陥る可能性も高い。すき焼きは国交断絶の危機を孕んでいる。少なくとも自宅で恋人と差し向かうのは甚だリスクが大きい。

もしどうしても食べたかったら「モリタ屋」のように信用できる堅固な味覚が保証された店に行くべきだろう。ここは京都の永世中立国である。

京都の豆腐屋では、豆腐や油揚げ、オカラといった定番の他に様々なものが見つかる。ひろうす（飛竜頭＝ガンモドキ）ひとつとっても、ごく普通の店が何種類か置いていて当たり前。私は百合根や銀杏《ぎんなん》がし込まれた贅沢ひろうすを隠元と一緒に煮含めた「炊いたん」が大好き。ごはんによく合うご馳走のおばんざいである。

京都人がもっともよく食べるおかず「たいたん」は、とりあえず、お揚げさんがないと始まらない。それゆえか一緒に炊き合わされることの多い山菜類やコンニャクもしばしば商われている。豆腐繋がりで納豆も売っているし、豆腐繋がりで胡麻どうふも並べている。忘れちゃいけない生湯葉。ところてんやわらび餅もある。また、牛乳壜《びん》入りの搾りたて豆乳を店頭で飲んだりもする。京都人の日常は豆腐屋と、切っても切れない密接な関係を持っている。

どこにでもあるというわけではないが、生麩《なまふ》という不思議な食材も京都の豆腐屋だけでときおり見掛ける独自のものだ。いかなるものかを知らない人に説明するのは難しいが、ちくわ麩の仲間といえなくもない。もっとも生麩が人間だとしたら、ちくわ麩はクロマニヨン人みたいなものだが。小麦粉を、水で練って、晒《さら》してを繰り返し、澱粉質をすっかり洗い流したあとに残った蛋白質、すなわちグルテンが生麩である。

毎年ヌーヴォーのワインを仕込む葡萄《ぶどう》は、村の乙女が裸足で踏み潰すという習慣がフランスの地方には祭の行事となって残っている。生麩の〝練り〟も同じように足で踏む作業だが、こちらは大の男が総出で踏みちゃちゃくる重労働だったらしい。京言葉で「疲れ果てる」を意味する「生を踏む」はここからきている。現在は機械化で省力されているが、本来、手間ひま足

生麩餅

吉野太夫かくありなん

『中村軒』の生麩《ふ》餅

桂離宮のそばにある京都を代表する美味しい和菓子屋。どれひとつハズレはないが笹に包まれたこの菓子はことのほか風味絶佳。「もち」とはいうが、練り絹のようなこし餡《あん》を包むその皮はもち肌の生麩である。

生麩餅220円。

西京区桂浅原町61（MAPⓂ）

☎075-381-2650　営7:30〜18:00　水曜休

www.nakamuraken.co.jp

間を惜しんで美味は生まれてこないのだ。

もちもちした触感と、コシの強さ。私など餅よりもよほど生麩のほうが好きで、棒で買っては切り分けラップして、お汁粉にアベカワにと多用している。煮てよし焼いてよし、甘くてよし辛くてよし。汎用性が実に広い。それゆえ、精進料理には欠かせない素材として重宝されている。

京都では摑《つか》みどころのない女性を、つるつるした寒天質に覆われたその若芽に例えて「じゅんさいな女」と言ったりする。が、私に言わせれば京おんなは「生麩な女」である。踏まれて踏まれて強く美味しくなるしたたかさは彼女らの矜持に実に似ている。京おんなは天然の素材ではなく、京おんなに育て上げられるものであるがゆえ。

京都の生麩といえば名実ともに「麩嘉*」に勝る店はない。さっき生麩を人間にたとえたが、さしずめ麩嘉の生麩はエリート・グルテン。あるいは京おんななら舞妓さんとか芸妓さんといったところか。

伝統に固執しないという真に京都らしい老舗で、紅葉麩、細工麩、織部（つくね）麩、精進麩などの定番をベースに新しい商品の開発に余念がない。生麩の味覚の広がりを愛《いと》しむように、可能性を模索してゆく姿勢は素晴らしい。こういうお店がなかったら、いくらここが精進料理の伝統を持つ土地だとはいえ生麩はたんなる珍奇な郷土食で終わってしまっていたはずである。

けれど麩嘉で一等好きなのは、どうしても『麩まんじゅう』ということになってしまう。予約でしか買えなかったが、錦市場に支店を出されてからは気楽に購入できるようになった。もっとも売り切れていることも多いが。ただ、私は雰囲気が好きなので今でも本店に伺う方が多い。頼んだものが包まれるのを待ちながら、洛中に現存する数少ない昔ながらの名水のひとつ『滋野井』で淹れられたお茶をいただく〝間〟がたまらない。もちろん帰りには自由に汲めるようにして下さっている、この甘露を持ち帰ることを忘れない。

　生麩の風味を愉しむなら麩嘉にしくはない。けれど和菓子としての洗練を求めると「中村軒」の右にでる店はない。こちらでは「生麩餅」と呼ばれている。餡の主張が強いので、そのぶん淡麗な生麩の味わいは希薄である。どちらかというと独特の弾力と、さらり、とろりと優雅な漉《こ》し餡の絶妙なハーモニーに主眼が置かれている。つるっと喉ごしがよく、夏の京都はこれなしに過ごせない。いくらでも食べられるぞ。私は。

　中村軒のショウケースほど目移りする場所はない。おまけに、ここも正しい京都の老舗だから、いつ行っても新作があっていつものに加えそれらも試したくなる。かといって日保《ひも》ちしないし、毎度恨めしい思いを抱えて帰路につく。まあ、それが再び足を店に向かわせる原動力でもあるのだが。

　いや、中村軒の場合、生麩餅しか売ってなくても、たびたび行ってしまうだろう。その魅惑は島原の太夫《たゆう》の如し……か。

＊麩嘉……上京区西洞院通椹木町上ル東辻裏町413

世界的に有名な料理店の番付といったら、これは『ミシュラン』にとどめをさす。三つの星の動向を巡って毎年改訂版の季節には大騒ぎだ。もっとも正確には、フランスであっても全レストランを網羅しているわけではないので「ミシュランに載った」という評価外評価もあるわけだが。

もうひとつ人気の批評誌として『ゴー・ミヨ』というのも存在する。こちらは覆面式ではなく個人評価に頼ってのカリスマ的雑誌だから精度が薄れるぶん権威も低い。日本にもかつて「ミシュランをめざす」と言いつつゴー・ミヨ的方法論でレストラン番付を試みた雑誌があったが、案の定バブルの泡と消えた。肝心の査定を下す人間に能力がなく、かつ権威主義だったからうまくゆくはずなど最初からなかったが。

しかし、この国で批評誌が根づかなかった最大の原因は、日本料理が対象になる場合、数字で敷衍《ふえん》することが極めて難しいからだろう。かつてミシュランで日本料理店が評価されたことはなくもないが、それはジャンルとして魅力的であっただけ。かつ、分母そのものが小さかったせいもある。現在のパリはもうジャポネーズだらけの状態だが、ミシュラン掲載数が増えたという話は残念ながらトンと聞かない。

結局ミシュランの星は店というよりシェフに与えられるものなのだ。だから、料理人の顔が判然としない職人性が支配する和食は採点が大変なのである。「目で食べさせる」の言葉通り調度《ハード》が味覚に大きく作用するところも評価難易度を上げる原因となる。ミシュランも交差させたナイフ・フォークの記号でレストランのハードウェアの、充実を数で、クオリティを色で示

73点

青葉

『青葉《ちんえい》』の黄ニラと豚の胃袋炒

新しいもの好きの京都人はエスニックにも目がない。そんな京都で台湾料理といったら今はここ。プロの料理というよりは本物の家庭の味がある。作り手の一生懸命さが伝わるような温かな味覚である。

黄ニラと豚の胃袋炒1365円。

中京区寺町二条上ル（MAPⓕ）

☎075-211-8871　㊔11:30～14:00（ランチ850円のみ）　17:00～21:00（L.O.）　月曜休

しているが、日本料理の場合とてもそんなものでは追いつかない。カウンター割烹などになると板前の人となりが味を台無しにしたりもするし。

どだい正解のない〝食〟というものを点数式で表すことに、そもそも無理があるわけで、もしするのだとすれば「あえて」という遊びでしかない。シャレの範囲でなら面白いけれど、真剣になった途端、鬱陶しく、胡散臭く、あるいは腹立たしくもなる。

〝食〟だけではない。世の中には評価を数で表現できないものがたくさんある。音楽、絵画、芸術一般みんなそうだ。

中学生のときホームルームの時間に「あなたの学校生活に点をあげるとしたら？」という課題が出た。今でもはっきり覚えている。私は七十三点とした。

もし、点数のつけられないものに点数をつけるということをするのなら、それは割り切れない数字であろうと思ったのだ。「悪くはないですよ」ということで五十より上、平均点という印象のある六十五点よりも上にしようと考えた。当時は「学校が嫌いだ」と知られてはならないと頑《かたく》なに思い込んでいて、しかし素直に満足しているということが伝わる数字にもしたくなかったので悩みに悩んでその点になった。

だが私の意見に対して担任は明らかに不満そうであった。「お前はいつでもそうや」と美術の教師でもある彼は言った。「感覚だけで根拠がない。みんなはそんな曖昧な点をつけていない」。根拠がないのではなく、根拠を説明できる感情の言語化能力が身についていなかっただけなのだが、それよりも点数というのは社会的評価の客観であり相対化であって「自分を自分の基準で評価することが許されない」という事実にショックを受けた。

このショックは現在でも、自分に自信が持てず、つい人の顔色を窺《うかが》ってしまう後遺症となって残っている。けれど、それでも私はなにかを評価するときに曖昧な数字をつける癖が直らなかった。それどころか放っておけば小数点以下までつけだす始末。

今でも、私は、自分の人生を七十三点と評価している。中流意識などないし「みんなええようになったら、ええなあ」と考えて人々の暮らしの平均点を高く設定しているので、まだそこにまで手は届いていない気がするのだ。もっとも並以下でも自分以外の人生なんていらない。七十三点に満足してる。社会的には満点人生を送っていても、それが不満ならなんて寂しいことだろう。

先日、台湾料理の『青葉』で食事をして、大満足のおなかをさすりながら「ああ、この店って七十三点だ」と思っていた。「黄ニラと豚の胃袋炒」は八十九点あげてもいいけど、他のものと足して割ったら、そのくらいじゃないかなあ、とか。だが、そのときの幸福感は点数とは無関係に換え難い、掛け替えのないものであった。

よしんば料理店に点数をつけることはできるとしても、それは素数であるべきだという考えは、こういう店が舌を愉しませてくれる限りきっと変ることはないだろう。味は割り切れない。ましてやそれで満足を計ることは絶対にできないのだ。

もう四半世紀も前になってしまう。ほとんどぎゃーと叫びたくなるな。ぎゃー。

初めてのヨーロッパ旅行の話だ。現在は農学博士で植物育種家で作家の藤田雅矢と一緒であった。各国の歴史遺産を巡る『ハート・オブ・ヨーロッパ』というそのツアーは、詰め込むだけ詰め込んだスケジューリングで「これじゃハートというよりハードだね」なんてみんなで愚痴を零《こぼ》していた。

『なんとなくクリスタル』は登場していたけれどバブルはまだだったので、メンバーの嗜好もバラバラ。ブランドに走る者もあれば大英図書館で調べ物をする象牙の塔の住人もいた。何を考えているのかゴルフの素振りばかりしている馬鹿もいた。藤田は恋愛なんかしていたし、私は食べてばかりいた。

かっこよく言ってしまうと私の目的は〝幻視〟〝幻想の確認〟であった。

すでにメディアを通じて様々な情報は頭に入っている世代である。ヨーロッパには何があるかはもう知っていた。ただ実体のないそれらのマボロシを猛烈にこの眼で見たい、体感したいという欲望に私は駆られていた。

ルーブルにある『サモトラケのニケ』の大きさや、『死都ブルゥジュ』の真の姿や、『ウェッジウッド』の手触りを私は実感したかった。それよりも、なによりも三ツ星レストランの食事とはいかなるものか？　世界三代珍味とは本当に美味しいのだろうか？　私は知りたくて知りたくて堪《たま》らなかった。

私と藤田がともに計画していた幻想の確認作業のひとつに「アンカレジ空港でうどんを食べ

きざみきつね

アンカレジの想ひ出

「萬樹《まんき》」のきざみきつね

現在はお取り寄せ専門の「手打ちおうどん萬樹」として宅配のみで営業中。写真は、店で出されていた〝失われた〟きざみきつね。過去を偲《しの》ぶ便《よすが》として、おうちで再現するときの参考資料として敢えて掲載。京揚げを手に入れてトライしてほしい。

☎0867-96-2578　FAX0867-96-2557

www15.plala.or.jp/manki/

る」というのがあった。まだ直行便は飛んでおらず、欧州旅行者は必ずここでトランジットせねばならなかった時代だ。北杜夫がエッセイの中で「意外と美味しくて感激した」というようなことを書いており、二人して妄想をぼーぼーと燃えあがらせていたのだ。ヨーロッパではひたすら現地の食事を楽しみにしていたが〝アラスカで食べる日本の味〟には蠱惑《こわく》的な響きがあった。

私たちが計画を実行したのは帰路である。素振り男はパリでラーメンを食べに行ったりしていたが、我々にとっては一月半ぶりの和食。それは当然のようにウマかった。

「こんなに美味しいものがあろうか。やっぱり日本が一番だ」と思った——なんてのは、しかしながら大嘘である。どちらかというと「こんな場所でもそこそこ美味しいうどんが作れてしまうんだなあ」という感激のほうが大きかった。色の薄い関西風だったので東京で経験していた真っ黒なうどんより少なくとも上等だと感じた。

ただし、この感想はふたりが京都人だったからかもしれない。大阪や四国など《うどん先進地域》の人間にとってアンカレジのうどんなんて、うどんの風上にも置けない許し難い存在だったかもしれない。京うどんは茹《ゆ》で置きの玉を茹で解きほぐし温めて汁を張ったものが主流だからだ。そのおつゆも『ヒガシマル』とか『スガキヤ』のインスタントがもっぱらである。

つまりアラスカでもトリニダード・トバゴでも世界中のどこであっても、うどんを作ろうと考えたらまず一等簡単にできる調理ともいえない調理法の上に成立しているのが京うどんなのである。京都に讃岐ではなく京都風のうどん（専門）店が驚くほど少ないのは、そんな事情があるからだ。低いスタンダードで「そんなものだ」と満足してしまっているため、このスタイルを洗練させても京都人の興味を惹《ひ》かないのである。

そんな貧しい環境で「萬樹」は群を抜いて美味しい、うどん好きのオアシスだった。いろいろ事情はあったのだろうが店舗がなくなってしまったのは心底哀しい。現在は〝お取り寄せ〟できるようなので、こんど京都に帰ったら試してみたい。でも、あの麗しの「きざみきつね」は、もう食えないのだ。

もちろん比べるのも失礼なくらい質は違うのだけど、私は「萬樹」で食べるたびにアンカレジのあの風景を思い出していた。白熊の剝製と、シーズン遅れのエルメスのスカーフ、ダンヒルのネクタイ。すでにカタコトの日本語を話していた免税店員は日本人に面差しの似たイヌイット系の人たちであった。

早く京都に帰りたい気持ちと、必ずまたヨーロッパに行くんだという夢が頭の中でせめぎあって、なんともいえない心持ちに私はなっていた。フロアに漂う出汁の匂いは懐かしく、どういうわけだかもの哀しく。窓の外には果てしなく広がっているような雪原。それらを眺めながら啜ったあの味。

もしかしたら英国に住んでしまったことで失ってしまったヨーロッパの幻想、その感動や感激を私は「萬樹」で確認しようとしていたのかもしれない。それは十代だったから幻視できた感動だったのか。非現実に遊んだ時間だったからこその感激だったのか……。

気がつけば私にとって京都はもはや異国でも母国でもないアンカレジのような街である。

フランス料理を前にワインが欲しくなるくらいで、私は食事に際してそんなに飲み物を必要としない。フレンチのときでさえ、どうしてもと思うのはチーズに対してだけ。

「料理を食べるときワインでなく水を飲むのは蛙と日本人だけ」という差別的な発言がある。私自身は水も飲まないわけだが、こういう陰湿な物云いは日本人のアイデアだろう。普段英国人から「カエル野郎」と呼ばれて腹を立てているフランス人が皮肉にせよ蛙を持ち出すとは考えられない。それにフランス人、メシのとき水飲むし。

まあ「これには、こうでなければ！」と方程式に当てはめなければ何もできない権威主義というのはどこにでも存在するものではある。だいたい蛙が虫を捕食したあと水を飲むなんて話は聞いたことがない。件《くだん》の例えをした人間はオツムが硬いだけでなく、かなり悪かったようだ。

食べ物そのものは水気の多いのが好きで、正直なところ揚げたて天麩羅よりも、翌日に残りを甘辛く煮つけた惣菜に、より執着するほど（ハッ！　これは〝お育ち〟か？）。バーなどでいわゆる〝乾きもの〟が出ても、まず手をつけない。煎餅やクッキーなんて、食べるよりずいぶん前に封を切ってシケらせておいたりする。

そういう意味では、水分に乏しいものを湿らせるためにお茶があるとあり難いケースはままある。イギリス式にビスケットをティーに浸して食べるのも好きだったりするところをみると、芳《こう》ばしくパリッとしたものが、ジメッと湿り気を帯びたものに惹かれる傾向があるようだ。

ただ、水分が多かろうが少なかろうが落語の『饅頭怖い』ではないけれど食べ終わってから、水が、お茶が、ときには酒がなければ画竜点睛を欠くものはあると思う。つまり最後に口を洗

ほうじ茶

栗の子怖い

「柳桜園《りゅうおうえん》」のほうじ茶

ほうじ茶の枯れた風味を期待されると少々当てがはずれるかもしれない。まぎれもなくほうじ茶の濃密な味わいに加えて華やかな香りにきっと驚かされるだろう。香り派には金、味わい派には香悦がおすすめ。

ほうじ茶金1050円（140g、缶入）、香悦1050円（100g、缶入）。地方発送可。（TEL、FAX、手紙で受付）関東では高島屋（日本橋店、横浜店、新宿店）で入手可能。

中京区二条通御幸町西入ル丁子屋町690（MAPⒻ）

☎075-231-3693　営9:00～18:00　日曜・祝日休

い喉を潤すなにかが素晴らしい甘露になり得る〝食〟が。カレーに対する水のように刺激を冷ますための道具ではなく、美しいテノールの歌澪のように、セックスのあとの抱擁《カドル》みたいに、なくてはならぬ、それは余韻の愉悦である。

すぐに思い付くのは「火酒」だ。強い蒸留酒《スピリッツ》を嗜《たしな》んだあとのチェイサーはたまらない旨さ。フランスではエスプレッソと共に小さなグラスに水が出てくるが、あれが美味しいのも同じ原理だろう。

あまり賛成してくれる人はいないかもしれないが私は沢庵を齧ったら水を飲むのをいつもとても楽しみにしている。沢庵は味雷をクリアにして微妙な味が感じられるようにしてくれるので、次に口に含むものの味は淡ければ淡いほどいいのだ。こんなにも豊かな味が水に隠されていたのかと感動してしまう。

京都には各地に名水が湧いている。そのうち沢庵一本握って水巡りをしたい。もはや侘びというより、じじむさい趣味だが私は本気だ。*「大こう」か*「村上重」とブランドも決めている。

山岸凉子の『恐怖の甘いもの一家』は異様な甘党の家庭に育った甘いもの嫌いの作者の悲喜劇を描いた名作エッセイ漫画。このなかでお父さんが超甘の巨大ぼた餅を食べてお茶を飲まず「せっかく口に残った甘味を消すなんてもったいない」と発言する件《くだり》がある。山岸先生はそれを聞いてショックを受けるわけだが、私はお父さんの気持ちが解らなくもない。食したあとに、お茶が欲しくなるような和菓子は——ともあれ京都では——失格だと思っているからだ。お茶でサッパリさせたいなんて、辛いだけのカレーと同次元ではないか。ドン(↑テーブルを叩く

音）

ちなみに私は本当に美味しいカレーになら水はいらない。舌の熱はチャツネで鎮める。残念ながら、まだ私は京都で〝水要らず〟クオリティの店に出会っていない。「＊ベンガル湾」は悪くないが、カレーはやっぱりラムでなきゃ。

私が京都で食べる和菓子は甘味を消すのがもったいないと感じるようなものばかり。お茶はお茶として単独で楽しむ。だが、ただひとつ例外がある。「＊喜久屋」の『栗の子』。十月から十二月にかけてのほんの短い期間味わえる蜃気楼《しんきろう》のごときかのこ菓子。この世にダイエットなんてものが必要なければ永遠に食べていたい。ちょっとウルサイ店だが、悪気はない。じじばば二人でやっているので仕方がないのだ。

栗の子は和菓子ではない。栗という〝恵み〟の味覚を結晶させた、和菓子の進化樹から微妙にずれたところにある一種一属の食である。親しみやすく、それでいて品のあるみごとな甘みの結露。

「あとは熱うーいお茶が一杯怖い」というのがまんこわのサゲだが、『栗の子』の場合は相応しい品格を備えた「柳桜園」のほうじ茶にしていただきたい。贅沢は言わない。『金』でも『香悦』でもどちらでもいい。それらもまた、まったく異なった甘みの結露である。

＊大こう本店……北区紫野北大路通大徳寺西　＊村上重本店……下京区木屋町四条下ル船頭　＊ベンガル湾……
中京区壬生坊城町48-3　壬生坊城第2団地102　＊喜久屋……北区廬山寺通西大路上ル

店に惚《ほ》れる。味に惚れ込むことがある。憑依されてイッちゃってる状態だ。

そういうところを文章で紹介するのは危ない。対象への愛情が深いほど一歩でも距離を置いて冷静に語るべきだと私は考えているからである。下手をすると「好き好き好き。だってオイシーんだもん」で終ってしまう。

京都の味覚について書かれた本は数多いが、実際それに終始しているものが目につく。食べ物ほど、人の暮らしと密着した文化も珍しいのだから、もう少し深くアプローチしてもらいたいものだと私なんかは自分のことを棚に置いて考えたりする。藤田千恵子さんの圧巻の名作*『日本の大吟醸一〇〇』などが最高のお手本。日本酒を嗜まない私でも喉が鳴るくらい呑みたくなる。こんなふうに京の味が語れたらどんなによかろうと思うのだが、無念、筆力が追いつかない。

情報誌の店紹介でよく見掛けるのは「大流行！」「大人気！」といった類《たぐ》いの惹き文句だが、幸い私は恥を知っているので、その手の文字を躍らせることも躍らされることもない。最近の日本のベストセラーやアイドル歌手の過熱振りと同じでたったひとつの、あるいは相対する一対の《勝ち組》にみんなが寄ってたかって乗っかろうとする傾向はやはり気持ち悪い。日本人って昔からそうだったけど、最近は特にひどいね。それ以外の存在を許さないようなところがあるもん。

京都という土地は日本のなかでは多用な価値観が共存し得るというか、存外リベラル。もっとも、とりたてて個性的なのでも自信家なのでもなく、徹底して他人《よそさん》は他人《よそさん》という考えなのだ。

美少年スイーツ

ナッツのタルト

『コムトゥジュール』のナッツのタルト

「オトナの男でも食べられる」という紋切りが恥ずかしくないフランス菓子の店。ケーキというよりデセールである。このタルトや秋限定の丹波栗のモンブランなどはソーテルヌと合わせたいような完成度。

ナッツのタルト2220円（ホール）370円（カット）。

北区小山元町50-1（MAPⒶ）

☎075-495-5188　㊫10:00〜19:30　水曜休

おかげで共産党市政になったり、面白い音楽のマイナーレーベルが勃興したり、日本初のノーパン喫茶が誕生したり、『京都人だけが知っている』が売れてしまったりする。京都人には珍奇なものの違和感のあるもの、むしろ本来の嗜好とは反するものであってさえ面白がってしまえるところがあるのだ。たぶん、この何でもアリ的柔軟性が京都の文化を生き長らえさせているのだろう。

京都（のイメージ）的でないものが、前触れもなしにひょこっと登場して、さらに、それが突出したクオリティだったり瞠目《どうもく》の新機軸だったりするのは、この都市では珍しいことではない。

フランス菓子の「コムトゥジュール」は近年京都に現れた、そんな嬉しい突出のひとつである。はっきりいって私は惚れている。フレンチの東京「コートドール」、大阪「ベカス」、パリ「ランブロワジー」、蕎麦の「隆兵そば」、英国料理「セント・ジョン」、日本料理「なかひがし」みたいに敬虔《けいけん》な気持ちを抱いている。だから気をつけて、ここについては書かねばならぬ。

コムトゥジュールに行ったら、まず、あなたは焼き菓子を注文せねば。最近の若い子たちは柔らかいものが好き。そのせいで歯の間がどんどん詰ってきているのだそうだ。「近い将来、歯の数が減る可能性もある」と小児科の加藤静允先生はおっしゃっていた。そんな世の中だからムース系の菓子がここにもたくさん並んでいる。むろんそれらも素晴らしい。とても綺麗だし、洗練されている。だが、私は断然、歯に隙間《すきま》のある人間のためのケーキをお薦めする。

ここのタルトやパイ、あるいは固焼きのクッキーを食べたあなたは、きっと〝香ばしさ〟の意味を改めて知ることになる。材料の良さだけでは決して生まれない作り手の精魂というものがこもった美味しさがコムトゥジュールにはあるのだ。『ナッツのタルト』なんて神性《ディヴァイン》を感じる味。できれば支店など持って「イタトマ」状態に陥らぬよう京都的に店を続けてほしい。

食べ物屋に関して私は惚れてしまうと、あまり浮気はしない。上記の店たち、特にフランス料理はこの三店以外では食べたくないとすら思っている。他でナイフとフォークを握ると罪悪感があるくらいだ。そういう意味で私は〝食〟の評論家には決してなれないだろう。「あなたしか見えない《モノガミスト》」的恋愛をする人間に、ジャニーズ事務所が作れないのと同じである。

ただし私は、ケーキに関しては、ちょくちょく摘まみ食いをする。おそらくフランス菓子については自分で納得のゆくものを創造し〝得ない〟からだろう。内側にしっかりした判断の基準を持てないので、外側からバランスよく俯瞰《ふかん》して全体像を摑むしか術がないのだ。コムトゥジュールと他の店を行ったり来たりしながら、やっぱりここだ！　と確認しているわけだ。

世のジャニヲタたちが、事務所（そしてシステム）そのものを愛しつつ、そのなかからオキニを応援するように。ちなみに、ここが山Pか錦戸か、亀梨か赤西か、はたまたジュニアの子供かは食べる人が決めること。私はあえてコメントしない。

＊日本の大吟醸一〇〇……藤田千恵子（新潮社）２４００円

その昔、萩本欽一司会のバラエティ番組のなかに『世界で一番短い推理ドラマ』なるコーナーがあった。ゲストの好物五品が並べられ、解答者がゲストの箸をつける順番を当てるという趣向。私がゲストに招ばれる可能性など、まーったくないのに、かなり真剣にメニューを決めて、かなり真剣にその順番を考えたものだ。思えば自分自身に対する推理であった。これって心理テストにならないだろうか？

久しぶりに問題を作り始めたら、やっぱりけっこうマジになってしまった。

①アスパラガス②酢豚③スモークサーモン④塩タン⑤小柱の天麩羅――答えは最後ね。*

いま出演するなら、とんねるずの『食わず嫌い王決定戦』もかなり魅力的である。でもって、これもかなり悩む。

①生牡蠣《なまがき》②イナゴの佃煮③ラッキョウ④納豆⑤生卵――どーだ。難しいだろう。

本来、食べるリアクションを見ながら当ててゆくものだから、メニューだけで正解を導くのは困難が伴うのは当たり前だが、大のつく私の好物のなかにはご覧のように人が嫌いがちなものもけっこう含まれているので、なお難易度が高いはずである。

私のような鈍感な人間には思いも寄らないような些細な理由で人はものが食べられなくなる。世の中には、いったい何を食べて生きているのだろうと疑問に思うくらい、あれもダメ、これもダメという人もいる。いくら不思議でも、ちゃんと生きているわけだから余計なおせっかいなのだろうが、やはり味覚の幅が狭い人に会うと可哀相になる。

「食べたことのないものは食べれないのー」といっているような馬鹿（そういうことを言う奴

紫竹納豆

Shall we eat, Miss Havisham?

(株)森口加工食品の牛若納豆

京都人は大豆加工品が好きだし、また加工するのも上手い。紫竹納豆は洛北の特産品。大粒で柔らかく匂い控えめ。いくつかの会社が作っているけれど、ここのがいちばん豆の味がする。京都 牛若の里 ゴールドカップ大粒157円（105g）。地方発送可（送料別途）

北区紫竹牛若町22（MAPⒷ）　☎075-494-3485

商品の取り扱いは、京都大丸や豆腐屋など。

は必ず太っている）には腹も立つが、一度、二度はトライしたけれど、やっぱり食べられなかったというなら仕方がない。同情は禁じ得ない。

人が食わず嫌いに陥る理由はいくつかに分けられる。私の例題に沿って考察すれば、

①生臭いから。ナマ物がダメ、魚が苦手という人は、たいがいこの理由。

②形がグロテスク。深海魚だから鮟鱇《あんこう》が嫌いとか、また内臓料理を避ける人も見た目から拒否反応を起こしているケースが多い。

③匂いが強烈。刺激に弱い人は存外いる。スパイスやハーブの類いが一切ダメな人はカレーすら口にできない。

④テクスチュア。味はともかく、ある種の感触に我慢ならない。ねばねば。もたもた。ぶよぶよ。私の相方は何でも食うが、タラコがダメ。小さなツブツブ感が苦手なのだ。

さて私の答は⑤の生卵である。ミルクセーキでも熱々ゴハンに醬油でも、なにかに混ぜてあれば（オロナミンCを除く）全然オッケーなのだが、そのままってのがどうも。

子供のころは、むしろ大好物。殻に穴を開け、箸で軽く潰してちゅうちゅう吸う気味悪い食べ方をしょちゅうやっていた。のだが、あるとき当たってしまったのである。そう。半分、孵《かえ》ったヤツに。違和感に吐き出して、そこに私が見たものは……エイリアン……。以来、どうしても生卵を飲み込めない。そんなわけで食わず嫌いの理由その⑤はトラウマによる嫌悪感。食中毒とか親を殺されたとか過去の不快な経験によって心理的葛藤が起るケースである。

もうひとつ。これは⑤のバリエーションといえるかもしれないが、育った土地の社会環境に

よって、その食が〝不味《まず》いもの〟として擦り込まれている場合がある。すなわち関西地方における④、納豆のような存在だ。

味、匂い、癖、感触、といった純粋な好き嫌いではなく「関西人やから、そんなもん食べまへん」という理屈は一見説得力があるようで実は曖昧なエクスキューズである。そして私はちょっとムッとする。だって上記のメニューに挙げているくらい私は納豆が好きだからだ。

京都には地元特産の『紫竹納豆』なる美味い納豆がある。大豆加工品のひとつとして、豆腐やお揚げさんの仲間として、たくさんの京都人に愛されている。これは濃厚な大豆の風味が素晴らしい。薬味スキーの私が葱《ねぎ》も刻みいれないほど、匂いも甘く柔らかい。熱に弱い納豆菌を殺さないよう、卵黄とともにたっぷり泡立てて冷ごはんでいただくことにしている。

私の御用達は「森口加工食品」の「牛若納豆」。〝関西人〟を盾にする人間はなぜか必要以上に納豆を憎み、そして納豆好きを糾弾する。そういう輩《やから》には何を言っても無駄なので「そうですか。京都の上《カミ》のほう（↑ポイント）では食べるんですけどねぇ」と京都的自己満足的反駁に留めておくのだが、心のなかでは「まるでミス・ハヴィシャムみたい」と思っている。

ディケンズの小説『大いなる遺産』に登場する、結婚式当日に現れなかった花婿を恨み、世を拗《す》ね、花嫁衣装のまま暮らす、それは老嬢である。納豆嫌いの関西人は、なんだか怖い。

＊②⑤①④③……いっとう濃い味のものから始める。でも②は酸味があるから次に乾いたものを。コッテリが続いたら口をサッパリさせて、脂の乗ったものに。最後はいっとう好物で締める。ので、この順番。しかしみごとに酸味のものが多い。

本当に、ロンドンにいても和食に苦労することはなくなった。寿司でも天麩羅でも一通りのものは作るのに困らない。

むろん日本料理屋もたくさんある。けれど、はっきりいって「形として日本風になってりゃいいだろう」というフザケタところが、哀しいかなまだかなり目立つ。板前のプロ意識が低い。従って、もっぱら手料理派だ。

納豆や冷凍秋刀魚こそ日本食材店に行かねば買えないが、たいていの材料はチャイナタウンで揃《そろ》う。湯葉、蓮根、里芋、大根、コンニャク、等々日本固有と思っていた食材もかなりある。三千年の歴史恐るべし。さすが〝机と親以外は何でも食べちゃう国〟だ。

スーパーのチェーンにも日本食のコーナーができたりして、醤油はもちろん梅干や味醂、味噌、米酢、海苔なんかは普通に買える。生鮮食品も専門店、つまり魚は魚屋、野菜は八百屋にさえ足を延ばせば驚くほど日本と近いものが並んでいる。

穴子、ホタテ、鯛、鯛の子、白子…、南瓜《かぼちゃ》、サツマイモ、生椎茸、カブ、赤カブ……。このあいだ品揃えに定評のある食料品市場『ボロー・マーケット』を覗《のぞ》いたら、京都人にはお馴染みのお節重の彩り、チョロギを発見。さすがに、これにはびっくりした。田螺《たにし》を細長くしたような形の白い小さな奇妙な野菜で、ハジカミのように赤く染めてたりして酢漬けにして食べる。はっきりいって京都でも一般人の目に触れるといったら錦市場くらい。もはやロンドンは食に関して京都とそんなに誤差はない。

よくヘチマのごとき巨大な胡瓜や生で食べられないような固いキャベツに文句を言っている

きぬごし

不死の妙薬

「入山とうふ店」のきぬごし

創業の文政十二（1829）年来、変わっていないのではないかと錯覚しそうな、美しくも床しい小店。しかし、その味覚は錯覚ではない。これこそが、あり得べき豆腐の味。美しくも床しい、きぬごしの味。京の水の味。

きぬごし200円（7～8月）。写真は、もめん200円。

上京区椹木町通油小路東入ル東魚屋町（MAP①）

☎075-241-2339　㊊10:30～売り切れまで　日曜休

在英邦人がいるけれど、それらの問題は、工夫と知識、ささやかな手間とわずかな妥協で解決してしまうことだ。要は頭の切り換えだったりする。形や色は違っても味が近ければ料理法でいくらでも補える。

移民の多い英国には、同国人が集まった地域が散在しており、そういう場所ではエキゾティックな素材を扱う店が見つかる。カリビアン街に売っているタロ芋の一種は鮮やかな紫色だが風味も粘りもトロロ芋そっくり。ポルトガル人街の魚屋にある干し鱈《だら》は、塩抜きして中華街の里芋と丁寧に煮込めば京名物「いもぼう」の出来上がり。

日本人と嗜好の似たトルコ人が暮らすゾーンの八百屋にある様々なピーマンのひとつは、私の大好物である京野菜の万願寺トウガラシに瓜、いや南蛮ふたつ。発見時は狂喜した。辛い当たりこそ多めだが、味も歯応えもかなり近い。以来、ちりめんじゃこと一緒に甘辛く炊いた常備菜を欠かさず作り置いている。また、初夏には、京都の九条葱を思わせる青ネギが出回る。

私はロンドンのことを書いているわけだが、これは日本全国に当て嵌《は》まる話。京料理は素材が特殊だから京都以外の場所で完全に再現するのは国内でも難しい。けれど、ロンドン並にはどこででも楽しめるのだ。

ただ、たったひとつ、どんなに頭を切り換えても自己催眠を試みてもイカンともしがたいものがひとつある。ふたつあったが、一方の小豆は昨今の自然健康食ブームのおかげで英国の農場が育て始め、それが丹波産もかくやの高品質。残るは、そう——豆腐のみとなった。京都でなら「丁子屋」「森嘉」*といった特別な店に出向かずとも、どこででも買えるあの絹ごしが、こればっかりは絶対に代用のきかない弱った代物なのだ。

当節日本では、デパ地下を覗けば一丁が五、六百円もする贅沢品もあって、そういうのは確かに美味しい。が、京都人にとって豆腐は京都のものでなければ、いくら旨かろうがロンドンで売っている皿洗い用スポンジみたいなやつとなーんも違わない。

京都の豆腐の味は、京都の水の味だから、また京とうふくらい水が大切な食材もないから、もうすっかり京都人の血であり肉だ。キリストが京都人だったら洗礼にはパンと葡萄酒の代りに豆腐が使われるだろう。私がロンドンから京都に戻ったときに自分の部屋に入るより先に近所の豆腐屋へ駆けてゆくのは、この土地が私の血や肉を活性化させるからではないかと睨《にら》んでいる。ない場所にいると逆に諦めもつくのだが。

皿洗い用スポンジを薄切りして作った油揚げでも、上等の青ネギとホームメイドの白味噌を使ったヌタにすれば、いや雑魚出汁で白菜とたいたんにするだけでもそれなりに京都を偲べる。だが冷奴や湯豆腐については、なす術なく次の帰京を待つしかない。

もはや私は京都に里帰りしているのではなく、京とうふのある街へ遊びに行ってるって感じである。確実に目的の一部になっている。いまのところ私は日本に戻って生活する気はない。でも最期には京都の豆腐が食えなきゃ死ねない気も同時にするので、宇野千代じゃないけど死なないんじゃないかと思うのだ。

＊森嘉……右京区嵯峨釈迦堂藤ノ木町42

私はストローが怖い。これは、あるトラウマに起因している。

我が家では、子供の頃のオヤツは二種類に分れていた。ひとつはおこづかいで買える駄菓子。もうひとつは母親が買ってくる鄙《ひな》び菓子である。駄菓子はもっぱら「あてもん屋」で購入された。クジを引いてそのナンバーによって貰える景品や駄菓子が異なる遊びが「当てもん」。それが揃っているから「あてもん屋」。陸上競技《アスレティック》を総称して〝走り（アクセントは「し」にある）〟と呼ぶ京都語には存外ストレートな言いまわしが多い。

とまれ「あてもん屋」は、いわば子供たちの賭博場であった。私は今も昔も博打嫌いなので、もっぱら当たり外れのないものを購入していたけれど。必ずしもクジ運が悪かったわけではないが、当たる嬉しさより外れる悔しさのほうが勝ってしまうのが私という人間であった。

体に悪そうな美味満載の「あてもん屋」で、わけても蠱惑的だったのはプラスティック管入りの毒々しいゼリー。ちょうどホースほどの太さで、これをくわえてゾゾゾゾと吸い込むのだ。吸引が強すぎていっぺんにたくさん出てしまうと損した気がして哀しかった。ちびちびイジましく楽しんだ。ゼリーをすっかり吸い終えても管には人工香料が染みついていて、それを通して息をすると甘い空気が喉に流れた。現在のヘビースモーカーぶりを予感させるように空のゼリー管は大好きな嗜好品であった。

その日も私はチャーチルのごとく管をくわえ上機嫌で歩いていた。正確にはスキップしていた。そして……転んだ。

子供は頭でっかちで前のめりだから顔からこける。着地点が早いのはまず顎《あご》で、次いで膝だ。

はったいこ

どきどきの味覚

『入江雑穀店』のはったい粉

新の大麦粉を炒りあげた麦焦がしを番茶で練り上げ砂糖で甘味をつけたリーズナブルで腹もちのいい間食がはったい粉。どっしりと重い。京都人から見て京都らしい庶民的で実質的な冬の定番おやつである。

はったい粉126円。地方発送可（電話にて受付）

中京区錦小路通麸屋町西入ル東魚町200（MAPⒺ）

☎075-221-4011　㊡9:00〜18:00　水曜休

もしゼリー管を口にしていたら、当然その先端が最初に地面とぶつかる。ぶつかった。管は腔内を直撃。上顎に刺さった。管の内側を数条の血がゆっくり伝ってゆくのが見え、痛みは驚きの後にやってきた。

これ以降、管ゼリーを食べた記憶はない。甘いものの後で不機嫌でいられる人を私は信用しないが、スキップする必要もないという教訓とストロー恐怖症を事件は私に残した。聞くも涙である。

そんなわけでストロー嫌いの私だが、例えば、いまでも「鍵善」*の竹筒入り水羊羹『甘露竹』は大好き。これをゾゾゾゾと吸うとき、子供時代のゼリー管の幸福感が蘇える。けれどスキップはしない。そして、まだ少し、どきどきする。

好物を目の前にすると、私は軽々と理性の箍《たが》を外してしまう。親に与えられる鄙び菓子についても、それがお気に入りだと、やはり見境がなかった。

鄙び菓子の定番は、夏は京風に黒蜜で食べる心太《ところてん》やわらび餅。冬場はカリントウや干し柿あたり。うちは特別に貧しかったわけではないが、なにも京都人だからといって上生の和菓子を毎日食べているわけではない。

私が最も好んだ鄙び菓子は「はったいこ」であった。「麦こがし」とも呼ばれ、その名の通り小麦粉を空炒りしたものである。年中食べたが新小麦の時期が美味しいので、冬のオヤツの印象がある。

ぷんと香ばしく、砂糖を混ぜて番茶で練るとその香ばしさがますます高くなる。スプーンで練りながら、いつもくうくう喉が鳴った。「食べさせん子ォみたいにガツガツしんときよし」と叱られても、この子供はとことんいやしかった。どっしりと重くおなかに溜まるのも嬉しかった。ねっとりとしたテクスチャーは他のおやつにない充実感があった。砂糖の量を自分で調節できるから、ほしいままに甘くできるのも魅力である。

のちに英国で似たような食感の「トリークル・プディング」「スティキー・トフィー・プディング」を発見して虜《とりこ》になり、雀百までというか、三ッ児の魂というか、基本的な味覚の嗜好は変らんものよなあと感慨したものだ。ともかく「どっしり、ねっとり、あまぁーい」という三位一体は私の手を引き軽々と天国に導く。逆らう術はない。

思えば料理の愉しさを知る第一歩も、はったい粉を練るところから始まったような気がする。そして〝量を作り過ぎる〟という欠点も当時から萌芽していた。最初はお湯呑を小匙で混ぜていたのが、丼を抱えてカレー用スプーンを握るようになるまでに、そう時間はかからなかった。なにせ見境がなかったから越えてはならない一線を越えるのもすぐだった。煮物の大鉢に山盛りのはったい粉を平らげた日、私は生まれて始めて食べ過ぎの腹痛で病院に運びこまれた。そして、はったい粉は手の届かない棚にしまわれた。

はったい粉を再び食べるようになったのは「入江雑穀店」で発見して懐かしさに惹かれ購入してからだ。小振りのお茶碗で戴くだけだが、やっぱり少し、どきどきする。

＊鍵善良房……東山区祇園町北側264

恋

人と京都でデート。いー感じだ。大変結構なイメージである。夏と冬は避けたほうがいいかもしんないけど。場所はよりどりみどりだ。ある意味で京都ほどデートに適した場所はない。

カップルにとって雰囲気のよい、かつ人が少ないスポットが多い。カフェも含め食べ物屋のバリエーションが豊富。普通なら必需品のようになっている車も、使わないほうがかえって本当の魅力を満喫できるからそういう点でも気楽。さらには発見の喜びすらまだ残されている。気分と懐具合に合わせて美味しいものを食べ、裏通りを歩きながらコーヒーを飲みながら、たっぷり会話を交わし贅沢に時間を浪費する。それが恋人たちにとっての正しい京都の使い方である。

映画館や劇場が少ないので夜のアトラクションには苦労するけれど、京風デートの醍醐味は会話を通してお互いを知ってゆくところにあるのだから、言葉を弾ませるシチュエーションさえあればそれでいいんじゃないのという気もする。中山美穂と辻仁成の「俵屋」*デートが目撃されて報道されたりしてたけど、おとなのカップルらしい（でもって辻らしい）選択と言えよう。もちろん季節がよければ鴨川の堤防に等間隔に座って風物詩の一部になるのも一興である。

そのうち京都に来る人たちのための、カップルならば「夫婦」「新婚」「不倫」「熟年」「アタック中」といったタイプ別にしたマニアックな〝歩き方マニュアル〟エッセイを書きたいなあなどと考えている。まあ、私が書くのだから世間一般的にムーディであるかどうかは保証しかねるけれど。「俵屋」はとてもよい旅館だと思うが、その本には登場しないだろうし。

吉加寿お好み

奇跡の高城さん

『吉加寿《きちかず》』のお好み焼き

祇園で飲む前に腹ごしらえをしてゆく若旦那でいつもいっぱい。味にうるさい彼らを納得させる均整のとれた旨さ。シンプルで無駄がなく、ふんわり軽い。京おんなの鑑《かがみ》みたいなおばちゃんが出迎えてくれる。

吉加寿お好み1200円。

東山区祇園花見小路末吉上ル（MAPⓀ）

☎075-525-3692　㊖17:00〜5:00（祝日〜24:00）　日曜休

しかし、それにしても夜の京都は明るいうちに比べると魅力に欠ける。昼のデートコースに関してはそこそこ自分でも組み立てられそうだが、夜のスポットは改めてリサーチが必要になりそうだ。

　私がリサーチの協力者として勝手に白羽の矢を立てているのが「大吉」*の若主人、理《おさむ》くんである。「大吉」自体素晴らしい骨董店で、京都ならではの〝雰囲気を味わう〟〝ものを買う〟〝寛《くつろ》ぎ〟〝雑学――京都では「いらんこと」という――を学ぶ〟〝美味しいものをいただく〟〝目の保養〟がみんな揃った稀有な場所。さらには、ここに理くんが加わり、その知己を得れば〝情報〟という特典まで付いてくる。「モテるだろうなあ……」といつも思っていたが、案の定すんげえ可愛い奥さんをもらって、それを証明した。若旦那的色気と反骨を持った大切な齢下の友人である。

　彼が紹介してくれた、あるいは連れて行ってくれた場所はみごとにハズレがない。どこも、よそさんには絶対に見つけられない京の洒脱さがある。わけても私が気に入っているのは「柳*野」と「吉加寿」。どちらも紋切りのイメージに汚されていない、今を生きる本当の京都らしさが横溢したチャーミングな店。

　バー、と分類するしかないから一応バーと呼ぶけれど、「柳野」はもう少し特別な店である。以前ここについて書いたとき私は「音楽がない」と紹介してしまったが実は低くジャズが流れているらしい。でも、ぜんぜん気づかなかった。音楽が邪魔にならないと訂正すべきなのだろうが、やっぱり「ない」と言いたい。なぜなら、この店のＢＧＭはやはり会話だからだ。耳をすませば京言葉のアクセントに混じってストリングスのリズムやピアノのメロディも聴きとれるのだろうが、この店の空気が連れとの、ときには見ず知らずの客や、年若いオーナー柳野くんとのお喋りをとても楽しいものにしてくれるので「ない」も同然なのだ。

天使が通って会話が一瞬途切れた〝間〟に水底のガラスが光を反射するように音楽がふいに内耳を擽《くすぐ》る。まるで彼の作るドライマティーニを飲んだとき、ゼストのシトラスがパチンと鼻孔で弾けるように。そして、それはそれで至福の瞬間なのだ。

もうひとつの「吉加寿」はお好み焼きの店。あまり庶民的とはいえない祇園の花見小路で、思いきり庶民的に商売をしている。とてもストレートに掛値なしにうまい。私はここもデートに最適だと考えるが、お好み焼き屋は恋人と行くのに向いていないという意見もある。問題は青海苔らしい。

氷室冴子の名作『クララ白書』に「奇跡の高城さん」というキャラクターが登場する。なぜ〝奇跡〟かというと、お好み焼きを食べて歯に青海苔がへバリついていたとしても、なお魅力が損なわれないほどに美人だから——だそうだ。

私は思う。吉加寿のお好みを食べて満足したあとだったら、歯が青海苔で豹柄になっていようが、やっぱり相手を「美しい」と感じるはずだと。気取らない差し向かいの美味と会話が、きっと恋人を〝高城さん〟にしてくれる。

＊俵屋……中京区麩屋町姉小路上ル　＊大吉……中京区寺町二条下ル　＊柳野……中京区寺町姉小路西入ル

料理上手ということになってしまっているせいか、あまり手作りの食卓にありつけない。せっかくお招ばれにあずかってもお寿司の出前などとってくださる。もちろん不満があるわけではないが、どちらかを選べるなら簡単でもいい、ホームメイドがいい。

豪華な食事とご馳走は違う。「ご馳走」とはその名の通り、走り回って膳を整え客人を持て成すことをいう。なにも手が込んだ料理を並べたり、高価な材料を使う必要はない。簡単でもチープでも、相手を思って最善を尽くしたものがご馳走なのだ。こちらの嗜好をご存知ない方に作って頂いたご馳走は、好物でないこともしばしばあるけれど、ご馳走ゆえにそれはやっぱり有り難いものである。

子供の頃、私にとっておむすびはご馳走であった。コンビニに行けば種類豊富に揃っている今のような時代ではなかったから、遠足や運動会などハレの日（両方とも嫌いだったケド）のお弁当に限って口にできた。そんな稀少性ゆえの価値に加えて、何よりも私は母が、おむすびを握るのが苦手だと知っていたから、そこにこもった〝特別〟を感じて嬉しかったのだ。

母と私の味の好みはかなり違う。が、ゴハンの硬さに関してだけは気が合った。芯が残るほど硬く炊いたのが好きなのだ。濡れた手に粗塩をたっぷりまぶしてゴワゴワの米を癇性にぎゅうぎゅうまとめたおむすびの美味しかったことといったらなかった。海苔さえ巻いてあれば具はなんでも良かったが、おかかの醤油が表面に滲み出してると幸福感はいっきに増した。

彼女は三角形に作ることができなかったので、いつも俵型。そして途方もなく大きかった。そのせいか今でも、小さく握った三角のおむすびには憬れがある。おむすびは、そんなわけで

グレープフルーツゼリー

ご馳走に花束を

『クリケット』のグレープフルーツゼリー

京都に老舗フルーツパーラーが多いのは、京都人が昔からモダン好みであった証明。名物のゼリーは'70年代当時から今も変らぬ新鮮さ。果物をまま生かしたその形は京風な柚子釜《ゆずがま》の西洋的変換かもしれない。

グレープフルーツゼリー630円。地方発送可

北区平野八丁柳町68-1　サニーハイム金閣寺1F（MAPⒹ）
☎075-461-3000　㊖10:00〜19:00（日祝18:00）火曜休
www.cricket-jelly.com

ご馳走だから自分で作っても美味しくない。切り株の横で兎が転ぶのを待つ猟師のように、ありつける日をいまでも根気よく夢みている。

ご馳走の原理は外食にもあてはまる。たとえば、かつて河原町新京極の入口にあった「不二家」のショートケーキは大ご馳走であった。うちで普段食べていたケーキは「バイカル」*か今はなき「ナカムラ」で、それらの店は不二家よりずっと洗練されていたけれど、「この子が好きだから」という動機で親が連れていってくれたからこそご馳走になった。なり得た。

若くして亡くなった叔母のミチヨちゃんに食べさせてもらい、いっぺんで取り憑《つ》かれたのが「マリヤ」*の『ハンバーグ焼きそば』。

母の末の妹だったから、叔母というより姉のようだった。大好きだったなあ。彼女はたぶん私の人生で最初に〝私のために〟店を選んでくれた人。ならばハンバーグ焼きそばがご馳走にならないわけがない。ミチヨちゃんにねだってはマリヤへ行った。他のメニューには目もくれずご馳走を注文して彼女を見上げると、そこにはいつも満足気に微笑む顔があった。人にご馳走をする、という快楽もこの世にはあるのだと私は知った。

ご馳走には「こんなものが存在したのか！」みたいな〝驚き〟という側面もある。といってすぐに思い浮かぶのが「クリケット」のグレープフルーツゼリーだ。半分に切った果物をくり貫いてそれを器にしていることが感動をもたらすくらい七〇年代の日本はまだ洗練されていなかった。――京都を除いては。

というのもこの街にはすでに明治四〇年創業の最古の洋菓子屋「村上開新堂」*が『好事福

盧』という同工の銘菓を作っていた。有職和菓子の「老松」*も明治四一年に店を持ち、こちらは夏みかんを釜に見立てた『夏柑糖』なる名作を販売している。

たいがいのモダーンもナウもイケテルも京都には遥か昔から用意されている。とはいえ私に〝驚き〟を与えてくれたのは「クリケット」だったから、私にとってのご馳走の栄誉（まあ誰もそんな栄誉なんかいらないだろうが）もここのゼリーに与えられることとなった。好事福盧も夏柑糖もうっとりするくらい美味しいし特別な贅沢品ではある。けれど、私のなかでは、ご馳走というニュアンスから微妙に外れる。

もう一つ、以上のようなご馳走の条件をすべて満たしているものがある。父がときおり気まぐれで作ってくれたライスグラタンだ。

赤いウィンナーの輪切りとタマネギを炒め、ごはんと一緒に牛乳で粘りが出るまで煮たもので、上に揉み海苔が散らされ（↑ポイント）ていた。味は塩胡椒。これの右にでるご馳走はいまだに思いつかない。

けれど、また同時に私は知っている。いくらその誘惑に駆られても、もし再現してしまったらそのときご馳走の幻は跡形もなく消え去ることを。父が料理してくれれば話は別だろうけれど、それも、もう、叶わなくなってしまった。

＊バイカル……左京区下鴨本町4—2　＊マリヤ……上京区千本通中立売下る亀屋町58

＊老松……上京区北野上七軒　＊村上開新堂……中京区寺町通二条上ル東側

哲学者が〝生きる意味〟を思索するように、私は誰かが言ったツマらないヒトコトについて深く考えてしまうようなところがある。何気ない言葉の裏に、底に、なにかが潜んでいるような気がしてつい覗き込んでしまう。身を乗りだしすぎて落っこちてアップアップしていることもしょっちゅうだ。

うちの妹も余計なことに関する記憶については天才的なところがあるけれど、私の『ココロの語録』に載っている台詞《クウォート》の数々も、いいかげん心暖まらないロクでもないものばかりだったりする。

トンでもないお金持ちの友人のおうちに伺ったとき、そこのお母さんが「これは上等やから味おうて（彼女は【あ～じぅおぅおて】と発音）食べてや」と言ってパンを出して下さった。それが本当に高級な、あるいは珍しいとか遠出してわざわざ買ってきたとか、なんらかの〝特別〟を孕んでいた場合「なんにも別に、そんなこと言わんでも（下品やな……）」程度ですんだのだが、そのパンが近所の全国チェーン店で売られている普通の菓子パンであったところから私は彼女の言葉の深淵を覗きはじめてしまった。

そのとき、その場には彼女の実の娘である友人も含め、数人の子供がいたのだけれど、あきらかにこの人は私の目を見てこの台詞を繰り出した。ということは私に対して何らかの含みがあると考えるべきだろう。そしてその声の調子からして好印象に基づいたものではなさそうだ。

彼女の私についての情報は友人からのものだけであって限定されている。パンに託してこの皮肉らしい言葉が贈られているところからみて、おそらくは、将来こういう本を書いてしまう

六味

辛口のケチ

『長文屋』の六味

ひとりひとりに合わせて、好みの味を調合してくれる『長文屋』。七味から唐辛子を抜いて注文した六味は万能の京的薬味。六味800円（小竹入）、550円（小缶入）。地方発送可（電話かFAXで注文）

北区北野下白梅町54-8（MAPⓓ）

☎075-467-0217（FAXも同じ） ㊢11:00～18:00 木曜・第2・3水曜休

ような食欲魔神である私の嗜好について〝思うところ〟があるのだろう。

それらを総合すると「味も判らん貧乏人のくせに生意気なもん喰いやがって。てめェはこんなもんで充分なんだよ。でなきゃケツでも舐めてな」と、言いたかったのではないかと私は結論した。ただ彼女は私が本当に将来こういう本を書いて自分のイケズが露呈してしまうとは予想しなかったので、つい口にしてしまったのである。

金持ちほどシワいと言うけれど、それが京都の金持ちになるとエゲツないことになる（そして私にそういうことをすると、いつかネタにされる）という、これはいいサンプルかもしれない。だが金持ちでない普通の京都人だって多かれ少なかれケチだ。ことに食べ物については細かい。始末にうるさい。英国に暮らしていて一等心が痛むのは、彼ら彼女らが実に気楽にぽいぽいと食べ残しを捨てることである。私のパートナーは始末のいいほうだが、それでも何度喧嘩したやら。この非国民！　と怒鳴りたくなる春の宵、秋の夜更けもありおりはべり。いまそがり。

だいたい英語には「もったいない」という語彙《ごい》がないのだ！　いろいろ工夫して言ってみるが、どうにもしっくりこない。〝捨ててもいいもの〟であっても捨てるに忍びないというヤマトゴコロが西洋人には判らない。冷蔵庫に忘れ去ってカビさせたり、日保ちが悪いのに作りすぎてしまった食べ物への自責の念。申し訳ないと、こんにち様に手を合わせながら、結局は捨てるしかなかったとしても、どうしようもなく心苦しい。

私は、食べ物を粗末にできない性質を吝嗇《りんしょく》だとは思わない。けれど、京都人であるからには、どこか吝嗇の気があることも認めている。友人のシド鳴虎とはちょくちょく食卓を共にするが、彼の七味の使い方が気に食わなかったりする。

私の七味は「長文屋」で調合してもらう中辛。ここは京都の某有名店の何億兆千万倍（キモチの問題）も風味豊か。ゴージャス極まりない七味を、小さな小さな間口で商っている京の市井の誇りのような店だ。

ところが、である。その値段は安くても味覚は値千金の七味を、辛口好みのシドは料理を辛くするために大量消費するのだ！　七味が好きだから、ならいい。同じだけ使われてもなんとも感じない。だが辛さを増したいだけならトンガラシ齧っとれ、と、私はついつい眉を顰《ひそ》めてしまうのであった。ああ、これもケチなの？

で、私はあるときから『六味』を作ってもらうことにした。そして別に一味を買うのである。これなら平気。いくら彼が振り掛けようと心安らかに見ていられる。

今や六味は、英国でも欠かせない存在となった。塩胡椒よりも出番が多い。こちらでは簡単に買いに走れないのだから大事にしなきゃと解ってはいても抑制がきかなくて、すぐなくなってしまう。つい先日もシドに頼んだ。思った以上にたくさん送ってくれて、私は彼に七味を存分に振らせなかった自分のケチを恨んだ。恥かしい。

彼の『ココロの語録』に私の「七味はフリカケとちゃうで」が載っていないことを祈る。

妹はあることで私を恨んでいる。なにせ宗教が絡んでいるだけに問題は複雑だ。と、いっても「世の中の悪いことはすべてユダヤ人のせいだ」と信じているわけでもないし、自分の幸せにいっぱいいっぱいなので街頭に立って突然に人の幸せを祈らせてもらったりもしていない。もっとも「寝たいときに寝て、食べたいだけ食べて、労働なんかしなくていい。今に世界中がそうなる」とは思っているかもしれないが。

子供のころ彼女は肉が食べられなかった。そして、そのせいで給食に肉が出るたびに担任の教師にひどく苛《いじ》められていた。

学校という閉鎖社会しか知らない日本の教師という人種は、しばしば人間として非常に視野が狭い。感情が未熟である。おまけにイジメの時代を経験し、それに順応するか荷担するか、いずれにせよその手口を知り尽くしているので遣り方も陰険で巧妙である。だから自分の教え子を攻撃できる正当な理由——給食が食べられない、成績が悪い、容姿が気に食わないなど——を見つけたら、それはもうネチネチと子どもを嘖《さいな》む。

妹は今日びの子よりも少し我慢強かった。あるいは京都的に〝諦念〟を知っていた。また、食べる振りをして要領よく用意したビニール袋に捨てるだけの器用さもなく、それを手伝ってくれる友人にも恵まれなかった。それゆえ、キレてナイフを振り回すこともなく、ひたすら辛い日々に耐えていた。

そんな悩みを打ち明けられて、優しい兄は彼女にアドバイスを施した。

「私はイスラム教徒だから、お祈りしないで屠《ほふ》られた肉は食べられません、とおっしゃい」

猪肉

真紅なる牡丹に祈りを

『改進亭総本店』の猪肉

京の七口、大原口にある精肉店。季節には東北山間部から野禽《やきん》が届く。堀川牛蒡《ごぼう》、九条葱、そして白味噌。冬になるとぼたん鍋の材料がそろって美味しくなる。底冷えの気候もこのときばかりは食べる悦《よろこ》びに加勢する。

猪肉1800円（100g）。（100g 1000円〜）地方発送可（電話、FAXで受付）。

上京区寺町通今出川上ル表町35（MAPⒽ）

☎075-231-1480　FAX075-231-1525　㊢9:30〜19:00　水曜休

――と。それでも教師が強要するようなら「平和憲法を撓《た》めるべきあなたが宗教の自由を侵害してもいいのですか！　と叫んでおやりなさい」と。

彼女は私の教え通りに実行して、怒り心頭に発したその教師から家に帰された。そのことでいまだに妹は私を責めるのだ。私は心から彼女のためを思って知恵を授けたのだが、裏目に出てしまったようだ。

どう考えても私の言い分のほうが正しいと思うし、妹はその教師の「義務教育の放棄」を盾に断固戦うべきであったとも考えるが、小学校低学年がこの論争を続けるのは無理があったようだ。なにしろ日本の教師には、ユーモア感覚というのも著しく欠如しているのであった。

イスラム教徒というのは猪肉《ししにく》も食べられないのであろうか？　それともお祈り後《ハラール》の肉なら平気なのだろうか？　もしそうなら京都の冬を愉しむさい、ベジタリアンよりは可哀相ではない。

我が家には毎年、京北の山奥に『ぼたん鍋』を愉しみにゆく行事がその昔あった。肉嫌いだった妹が何を食べていたかは覚えていない。自分が食べるのに夢中だったからだ。白味噌でこと こと煮こまれた猪肉はほかのどんな禽獣にもない旨味があった。ああいうのを滋味というのだな。

野山を駆け巡っている野生動物は、特別な〝力〟というか〝神気〟のようなものが宿っている。私が英国に渡り、年中行事も廃《すた》れたこの頃はシーズン中に帰国できたら「改進亭総本店」で奮発する。こういう食材にはとくに敬意を込めて料理しなければいけない。そう気持ちが昂《たか》ぶり、肩が凝るけれど、できあがりはいつも上々。丁寧にさえ扱えば肉のほうが助けてくれる。自然の恵みはありがたい。思わず手を合わせてしまう。イスラムでもベジタリアンでもなくてよかった。

京のぼたん鍋を前に、その味を知っている人間の食欲を抑止するいかなる理念も私には想像できない。だがもし彼の、彼女の教義が許さないというなら仕方のないことだ。飢えていてもダメなんだから。

妹に教えたように、いかなる宗教であっても、どんな奇妙な習慣を伴っていようとも、それは尊重すべきものである。——もし、強制さえされなければ、の話だが。少なくとも私の箸を押し止めようとする何者をも私は許さない。〝食〟は強要されても制止されても困る。

ところで現在、妹は肉でも野菜でも何でもよく食べる。実はこれにも私は一役買っているはずだ。私は人に料理を出すとき基本的に自分の食べたいものしか作らない。アレルギーや「教義的に口にできないもの」を除いて「どちらかといえば苦手」程度なら気にしない。そのかわり精一杯美味しくしようとは努力する。

妹いわく「理由なく食べられないとでも言おうものなら、ブン殴られそうな気配があった」らしい。それだけ一生懸命厨房《ちゅうぼう》に立っていた証拠である。結局、人間、ウマけりゃ食うのである。

「おかげで好き嫌いが減って、食べる楽しみが増えて感謝してるわ」

でも、やっぱり恨んでいるのだそうだ。

空

箱や空瓶が捨てられないという話を書いたけれど、箱の喜びは、ただ過去の便《よすが》として積み重ねておくだけでは完成しない。そこにオリジナルとは違った、しかし、しっくりと馴染む「なにか」を収めることができて、つまり役目を与えられて、ようやく満ち足りる。そのあたりが他の捨てられない我楽多と違うところといえよう。

ただし、捨てられない箱は、捨てられない我楽多のために存在しているという可能性は若干否めない。半年に一度ほど友人と一緒に手作りジャムを大量に煮るので、たいがいの捨てられない瓶はそのときに再利用されるのだが、箱はといえばもう少し個人的。

海岸で集めてきた貝殻や小石。公園から拾ってきた団栗や松ぼっくり。プレゼントを飾っていたリボンや造花。ちびた蠟燭《ろうそく》や鉛筆。それからこういう性質《タチ》の人間にとっては定番ともいえるマッチ箱。うちにある空箱に眠っているのは、そんな世間一般的価値の低いものばかりだ。

私の箱好きはいまに始まったことではない。モノゴコロついた時分から無闇と箱——より正確には〝箱の中〟に惹かれた。本やスナック菓子を持ち込んで、大きな段ボール箱で過ごす時間は私になんともいえぬ安寧をもたらせてくれたものだ。

数年前、自分の家を持ったとき、ふと、そのときの心の平穏が甦り、我ながら驚いた。ああ、きっと私は、おっきな箱を手に入れたんだ。これから、いろんなものを、それも自分にとってだけ大切なものをここに詰めてっていいんだなあ……引越し荷物をひとつひとつ解きながら、しみじみとした幸福感を噛み締めた。

「包装」「保護」「整理」「運搬」といった本来の目的を超えて、人間にとって箱はもっと広い

定食

ライフ・イン・ザ・ボックス

「九里九馬《くりくま》」の定食

店を開かれた先代のオーナーはずっと宇治でお商売をされていたが、街の再開発に伴い、内装ごと現在の場所に移転してこられた。ありがとう、宇治。その代わりにどんな施設が作られたかは知らないが、この店以上だとは思えないんだけどね。

日替り焼魚定食850円、揚物定食800円。どちらもおばんざい、ごはん、みそ汁付。

上京区下長者町通室町西入近衛町25（MAPⒽ）

☎075-451-0008　㊔10:00〜22:00　不定休

意味を持っている。二次元から作られる最も原初的な三次元の形でありながら、空想力を駆使しすれば無限を閉じ込めることだってできる。ギリシア神話では人を苦しめる全ての災いが小さなパンドラの箱から飛び出してきたことになっている。ならば人を幸せにする全ての愉悦だってしまっておけるのだ。

それがどんなに下らないものであってもいい。中味がない限り、いくら豪華で見栄えがよくても意味を為さないという点で、いわゆる《京町家》も同じ類いの箱であろう。よそさんの経営による中途半端な町家ショップの増加は確かに近ごろ目に余る。しかし、たとえ〝なんちゃって〟であっても、それらを心底嫌いになれないのは空っぽで放って置かれるよりはマシだからだ。

だいたい町家という箱は、パッと見にはわからなくとも物理的に相当ガタがきている。誰でもいいから手入れをしてくれなければ明日にでも崩壊してしまうだろう。無粋な消防法のせいで町家を新しく建てることはできないのだから、残る手段は改装改造に伴う補強しかない。永遠に失ってしまうくらいなら、よそさんの手でも猫の手も借りたい。

もはや、ひとつのジャンルとして成立しているほどの隆盛をみせている町家ショップ。だが、私がその形態を含めて、つまり箱に寄っかからずにいい仕事をしているなあと評価している店は従ってそんなにない。食関係ならカフェの「汚点紫」*とか蕎麦の「かね井」*、それから「九里九馬」あたりだろうか。うん。「九里九馬」は好きだ。

このお店の美点は、まず、その適度な肩の力の抜け具合。もちろん丁寧なお商売をされているのだけれど、そこには、このジャンルにありがちな、よそさんを引っ掛けてやろうと手薬練《てぐすね》ひいているようなイヤらしさが微塵もない。「好きなようにやってたら、こうなりました」的な暢気《のんき》さが快い。

出してくださる定食も、ああ、おばあちゃんちで、こういうお膳を一緒に囲んだよなあ的なおかずとごはん。京都人が見たこともないような《おばんざいセット》とやらではない。懐かしく仄昏《ほのぐら》い内装と相俟って、外食していることを一瞬忘れてしまう。「町家を愉しむ」って、本来こういうことを指すんだよな。箱好きの京男は満足に舌鼓を打つ。

結局、京都人という人種は、およそ箱をポイできない性質なのだ。なんだかんだいって町家が生き長らえているのは、そのせいに違いない。暑いわ、寒いわ、不便だわ、決して住みごこちよくない町家に、それでもなお京都人がどこか町家に焦がれる気持ちは郷愁という言葉だけでは片付けられない。もっと生理的な希求というべきだろう。

よく考えれば、三方を山に囲まれた京は、街そのものが箱のようなものである。京都人は箱で生まれ、箱で育ち、箱を築き、箱で暮らす。ちいちゃいちいちゃい世界に彼らは閉じ籠っている。しかし千二百年の間に創造されてきた文化を思えば、その小箱がどれほどのキャパシティを秘めているか解ろうというもの。やっぱり箱は捨てられない。

＊かね井……北区大宮鞍馬口西入ル紫野東藤森町11-1　＊汚点紫……北区北大路堀川西入ル北側紫野上門前町61-1

子供の頃は食べられなかったものが、いつの間にか大好物になっていることがある。鶏がそうだ。皮が嫌いだった。ぷつぷつした見た目がキビ悪かった。ボーズ憎けりゃ袈裟《けさ》まで憎いので、肉のほうも口にしなかった。給食も鶏嫌いを助長した。やっぱり料理するときは羽根くらいちゃんと抜いておくべきだろう。羽毛がまばらに残った鶏肉は〝死骸〟であり食肉ではなかった。

鶏が苦手な人は私同様に皮への嫌悪感からきていることが多いようだが、私の叔母である池田さんの場合、もう少し切羽詰った理由から鶏が食べられない。

まだ彼女がいたいけな少女だったころのこと。ある晴れた日、祖父が庭で鶏を降ろしているところを彼女は眺めていた。見てはいけないものを見ているような高揚にドキドキしながら、それでもその場面から目が離せなかった。青い空によく研がれた鋼色が振り上げられ、陽ざしを受けてきらりと光り、翻った次の刹那《せつな》、鶏の首はもう落ちていた。そして悲劇は起った。祖父が押えつけていた手を解くと、頭のない鶏がばたばたと羽ばたき、呆然と佇む彼女に向かって突進してきたのであった。首のまわりを血で赤く染めた鶏は、彼女いわく、逃げても逃げてもまるで察知するかのごとく追ってきたという。……この恐怖体験が池田さんを鶏恐怖症にしたのだ。ちょっと、いい話である。

記憶は甘い。しかしなにもかもを甘くするわけではない。卒業写真のあの人を街で見かけたとき、ちっとも変らず見えたのは、自分が人ごみに流されて変ってしまっていたからではない。かつて好いたらしく思っていたからそう感じただけだ。それが昔の天敵のような奴だったとし

玉締めしぼり胡麻油

桃源郷の記憶

『山中油店』の玉締めしぼり胡麻油

はじけるような風味のごま油。今も昔ながらの製法、玉締め式で作られている。地方発送もしてくれるが、できればお店を訪れて購入していただきたい。ここの建築にはそれだけの価値がある。

玉締めしぼり胡麻油945円（450g）。地方発送可（電話、FAX、webサイトで受付）

上京区下立売通智恵光院西入ル508（MAPⓒ）
☎075-841-8537　FAX075-822-4353　㊤8:30～17:00　日曜・祝日・第2、4土曜休　www.yoil.co.jp

たら、きっと自分の何倍も醜く恐ろしい怪物に豹変しているように目に映ることだろう。

甘いにつけ辛いにつけ酸いにつけ、記憶は感情の味覚を増幅させる力を持っている。異常に好きだった食べ物が、ある切っ掛けを境に受けつけなくなることもよくあるけれど、これもまた記憶のなせる業。私が人工旨味調味料を必要以上に嫌うのも、このケースだ。

もちろん、ちゃんととった出汁のほうが美味しいからというのもあるけれど、それは母に囁《ささや》かれたある言葉が真因となっている。

チビの頃の私は、むしろ旨味調味料が大好き。スプーンで掬《すく》って食べるキモイ子どもであった。その日も食卓に就いた私は配膳が待ち切れず、卓上の旨味調味料の小壜を掌に振って、行《あん》灯《どん》の油を舐める化け猫みたいにネブっていた。そのとき母が背後から顔を近づけそっと呟《つぶや》いた。

「それ、蛇の皮で、できてるんやで」

その瞬間まで口のなかにあった〝美味しい味〟が蛇となって、喉をぞぞぞぞ、と、這《は》い降りていった。私は流しに走り、げーげーと吐いた。吐いても吐いても蛇は胃の奥から湧いてきた。

この旨味調味料蛇皮原料説。実は私が聞かされるよりかなり以前、広く全国に流布した都市《アーバン》伝説《ミス》の類いであった。けれど、それを知ってからも私の旨味調味料嫌いは治らない。舌がその味を察知すると同時に喉を滑る蛇の鱗の感触が蘇る。

だが、味覚もさることながら、それ以上に記憶を刺激するのが香りである。プルーストの『失われた時を求めて』を一巻だけ読んで感激し、さっそくマドレーヌと紅茶を用意して記憶を辿《たど》る旅に出ようとしたが、アンパンと番茶で育っている人間には難しかった。

京都人の記憶を擽り、追憶に耽《ふけ》らせる香りは、やはり柚子であり、木の芽（山椒の若葉）だろう。どちらも上品に〝添える〟というよりは、どっさりと〝載せる〟という感じで使う。京料理にとって香りはアクセントではなく欠くべからざる素材である。家にたとえれば屋根。富士山が頂く雪冠。フランス語におけるコマンタレブーである。

もうひとつ京都人の郷愁を誘うのは胡麻の芳香。意外に感じる人もいるかもしれないが、京の〝食〟は唐渡りの普茶料理の影響を強く受けているので、存外よく利用する。機会があれば「*萬福寺」で伝統的*普茶料理を食べてみてほしい。また違った京料理の顔が見えてくるだろう。それは日本的な極楽の風景というより《桃源郷》の面持ち。まるで甘い想い出のような。

もし「山中油店」の『玉締めしぼり胡麻油』のような本当の上等をたっぷり奢って*涼伴、*油《ゆ》餈《じ》、*雲片などを料れば、確実に美しい記憶のごとき喜びを味わえるだろう。それは、このクラシカルな店の庭先に咲く杏《あんず》の花の香を黒塀越しに聴くときのような得も言われぬ気分である。

この樹は豊臣秀吉が築いたお土居に植えられていたものだという。だとすれば樹齢四五〇年。もはや、それは京都という都市の記憶だ。奇跡のように甘い。

＊萬福寺……宇治市五ヶ庄三番割34　要予約Tel/0774-32-3900　＊普茶料理……胡麻油をふんだんに使う黄檗派に伝わる中国風の精進料理。　＊涼伴……根菜と椎茸の炒め煮。くず粉でトロみをつける。吉野煮とも呼ばれる。　＊油餈……材料やころもに下味をつけてから揚げたもの。梅干を塩抜きして使ったりもする。　＊雲片……調理の際に出た野菜のへたや切りくずを余すところなく細かく刻み、葛で雲をあしらった料理。

父とは相性が悪かった。が、手を上げられたことはない。たった一度を除いては。

いつごろから、そこにあったかは定かでないが、気がついた時には食器棚の一等上に乗っていた。高みから私を誘惑していた。それは『鰻の蒲焼』。なぜそんな長期間私を手招きし続けることができたかというと、それが缶詰だったからだ。

鰻は大好物ではあるが別に珍しくはなかった。うちの母親は「土用の丑」を「土曜の丑」と勘違いしており、そして誰も積極的にその間違いを正そうとはしなかったので週末にはたびたび蒲焼が食卓に登場した。しかもうちの御用達は京都でも指おりの「西陣 江戸川」。といっても当時は〝指おり〟だなんて意識せずにパクついていた。自分のとんでもないスタンダードに気づいたのは、のちに他店で食べてからだ。ま、京都人にはアリガチである。比較対象に出会い、日常のクオリティを改めて思い知るのだ。

ともあれ、それは鰻である以上に缶詰だってことが私を惹きつけた。その小さな、角のまるい扁平な長方形のなかに詰った蒲焼は、きっと特別に美味しいはずだという根拠のない確信があった。

ある日、おかずの足りなかった土曜日、皿の上にあけられた缶詰の中味を前に私は呆然としていた。そして箸をつけ、こんどは悄然《しょうぜん》とした。約束が違う。いや、誰も約束などしていないのだが。「江戸川」の蒲焼には当たり前のようにある、あの甘い独特の香りも、柔かに身がほぐれる感触も、コッテリとした脂の味わいも、たれの濃厚な旨味も、なにもなかった。舌の上には嫌なエグみと噛み切れない皮だけが残った。

鰻の鱗

鱧の照り焼き

『魚力』の鱧《はも》のてりやき

たとえさんまでも京都人は家で焼かず買ってくることが多い。ヤオヤ舞台のように斜めになった売り台にずらりと並ぶ鱧てりをはじめ魚の串焼きが並ぶ眺めは壮観。〝京の台所〟錦市場の中でもひときわ目を引く。

鱧のてりやき500円〜1500円（目方による）。

中京区錦小路通柳馬場東入ル（MAPⒺ）

☎075-221-4003　㊖9:30〜18:30　水曜休

事件はその夜に起った。流しの三角コーナーに捨てられた鰻の皮を父がみつけて件の缶詰を私が食べてしまったことが露見したのだ。父は私を殴打した。「食べ物を粗末にするな」というのがその主旨であったが、その実、怒りがそんな教育的境地に立脚していないのは明らかであった。きっと彼も棚の上を見ながら「いつ食べようか、いつ食べようか」と楽しみにしていたのだろう。

食べ物の恨みは恐ろしいというが、今もあのときの形相は忘れられない。鱗のない鰻の皮が、父の逆鱗に触れたのであった。

鰻や鱧を苦手とする人は、皮の感触が理由であることが多い。「蛇みたい」とかね。私は蛇であろうが美味しければ食べてしまうほうなので、外見的な偏見はない。缶詰鰻の皮が飲み込めなかったのは純粋にゴムみたいだったからだ。むしろ魚の皮はこうばしく焼いてあれば好きなほうである。

さて、鰻は蒲焼に限るな、というところがあるけれど、鱧などは皮も身に劣らぬ、ならではの味わいと歯応えを備えている。

かつては京都以外では相手にされなかった、というか、水揚げされた港で捨てておかれたという鱧も最近では全国区の高級魚になりつつある。さっと湯掻《ゆが》かれ花が咲いたように開いた『おとし』（この場合、皮は湯引きで千切りにして添える）。じっくり炭火で炙られた『てりやき』（こちらの皮も千切りされて、胡瓜もみやナマスに和える）。どう食べても品の損なわれぬ美味しさである。

だがこの魚は、いかに料るにせよ、小骨を細かく刻む〝骨切り〟というプロの作業が必要になる。食について京都は《買ってくる文化》の街だからこそ、こういうシチメンドウ臭い魚も早くから広く愛されることとなったのだろう。餅は餅屋。ここは分業が常識の職人のミヤコなのだ。

祇園祭は「鱧祭」の別名で呼ばれるほど、鱧は京の夏を彩る大切な風物である。春の筍や秋の松茸以上に季節に深く関わっている。この時期に錦市場を歩くとあちこちから鱧の香りに呼び止められる。それは食器棚の上から私を誘っていた鰻の缶詰の声によく似ている。まるで江戸時代の吉原を流すような気分だ。おっと、京都だから島原か。

八百屋舞台のような売り台に串焼きをずらりと並べた「魚力」はとくに見事。この店では年中てりやきが買えるけれど、やはり鱧一色になる夏が迫力である。もちろん千切りの皮もプラスティック容器に収まって脇にちゃんと控えている。

京都人は不幸だ。「魚はトレトレを刺身で喰うのがイチバンでいっ！」という単純な固定観念で幸せに生きている人々に比べたら。けれど寿司だって、ただの〝技術〟ではなく、かつてはひと手間加えたちゃんとした〝料理〟だったんだけどな。生も美味しい、調理したものも美味しい、凝ったソースで食べるのも美味しい。なんでみんな「究極」なんかにこだわるのだろう。そんなん、つまらん、と、京都人は不思議に思う。おとしも美味しい、てりやきも美味しい、皮だってやっぱり美味しい鱧を頬張りながら私は首を傾《かし》げる。

京都人は貪欲だ。鰻の鱗を食べてしまうくらい貪欲だ。究極を知らない不幸を楽しんでいる。

ゴルァと怒りを覚えるほどでもない。かといって無視できないくらいには鬱陶しく感じているものに〝健康食品〟というのがある。サプリメントフードってやつも同罪だ。

健康な状態であれば体にいいものは必ず美味しいし、美味しいものは体にいいばかりか心にもいい。あらゆる食は美味しくあることを目的に作られるべきである――というのが私の考え。ダイエット食であっても病人食であっても制限のなかで精一杯旨みが高まるように工夫されなければならない。結果的に出来上がったものが美味には程遠くとも、それが食材に対する責任だと私は思う。

ところが健康食やサプリメントの類いはどうも、その責任を忘れているような気がするのだ。なんか公徳心のないスポーツ選手とか、ロリコンの女子中教師とか、そんな感じ。

しかしそんな小理屈をコネくりまわしている小物と違って、思考という習慣を持たない人間は強い。例えばうちの母である。

彼女は脊椎《せきつい》反射で生きている。「これは体にええよ」などと聞こうものなら、いかに怪しげなものでも次の瞬間には「ほな食べさせてもらいますわー！」と口に入れている。そして嚥下する間もなく「効いてきたわー！」と叫んでいる。

「センセ（髪結の主人だったので、そう呼ばれている）それ生でっせ」と言われて「ほんまやー！」と吐き出す横顔を眺めながら、せめて推薦者が信用できるか否かくらいはチェックしようよと思う私であった。

その昔『どっこい大作』という、花登筐《はなとこばこ》脚本の『いなかっぺ大将』みたいなTVドラマを

酵母原液

コーソトオミズ

日本酵母研究会のアミノン酵母原液

甘い。カルピスのように水で割る。健康食品のハシリというか、草分けというか、聞いてみると驚くほど多くの京都人が子供の頃からこれを飲んでいたりする。飲むだけではなく火傷《やけど》にまで塗ったりした。

アミノン酵母原液500mℓ、3675円（会員限定頒布）。地方発送可（電話、FAXで受付）

上京区大宮通今出川上ル観世町113（MAPⓒ）
☎075-441-0035　FAX075-451-3590　㊖9:00〜17:00　土曜・日曜・祝日休
www.aminon.co.jp

一緒に観ていたとき、素朴と正直を武器に成功を摑む主人公に向かって「世の中そんなに甘ないで!」と腹を立てていたので、まあ性格が災いして辛いこともかつてあったようだ。なかったら、かえって驚く。

彼女が邪悪な化学者のように次々と繰り出す健康食品攻撃に家族は本当に往生した。不幸中の幸いは、料理音痴だったせいで、それらが飲料にとどまっていたことだが慰めにはならない。紅茶キノコにも当然のように手を出した。いくら言っても『ヤマギシ牛乳』もやめなかった。まあ牛乳はいい。飲めるから。パイナップルと大根葉のジュースなど流し込まれた日には喉が猛烈に痒《かゆ》くなった。文句を言うと「健康になってる証拠や」などと根拠なく胸を張っている天晴れな母であった。

比較的長く続いたものとしては『柿の葉茶』がある。いつも薬缶に作り置きしてあった。お湯を沸かそうにも柿の葉茶が邪魔をして、私は京都人だというのに、かなり大きくなるまで煎茶の味を知らなかった。今にして振り返ればラプサン・スーチョンのようなスモーキーフレーバーのハーブティーで、それなりに美味しかったけれど「夏くらいは麦茶が飲みたいなあ……」といつも哀しかった。

だが我が家の定番として、柿の葉茶時代もパイナップル&大根葉時代も母の寵愛を受け続けていたのが「日本酵母研究会」の『酵母原液』である。

うちでは「コーソ」と呼んでいた。水で七、八倍に希釈するので「コーソとお水」が飲料としての通称だった。これは子供の舌にも、お中元に貰うカルピスほどではないにせよ充分に美味しかった。

冬。皆が寝静まった夜半に、冷たい水道水で割って布団の中でうつ伏せになって本を読みながらちびちびやるのが長年、私のナイトキャップであった。甘味がいる料理には何でも砂糖がわりに利用していたし、一時一家は阿片窟状態で酵母液漬けだった。

現在、その商品は製造していないようだが、原材料となった熟成果物の絞り粕をガーゼの巾着に入れたものが当時は売られていた。これを風呂にティーバッグの要領で蛇口に引っ掛けて吊るしておくと残留成分が滲《にじ》みでて素敵な薬湯ができあがる。お肌をつるつる。蜂蜜の香りの風呂は幸せな記憶である。

ところで母は、コーソトオミズを除いては、それら〝体によい〟飲み物を自分では一切口にしなかった。ずるい！　と糾弾すると「私はどうでもええんや！　あんたらさえ健康になってくれたら本望や」などと涙ぐんだりする。ほんとーうに、ずるい。

怪しげなものを避けてきたおかげか結局は家族のなかで一等ハードに仕事をこなしてきた母が一等健康である。スタイルに気を遣って腹八分目にいつも押えていた人だったから、それもよかったのだろう。あとは、きっと性格のせいだ。人間、感情に逆らわず、ものを考えず生きるのが最高の健康法らしい。周りの迷惑を省みないというのもポイントね。くすっ。

実はこの『酵母原液』、かなり根深く広範に京都人の生活に息衝《いきづ》いている。それはこれが責任感の強い健康食品だからではないだろうか。京都では民間食餌療法であろうと、まず美味しくあらねばならない。京都人の社会的自我がそれを要求するのだ。

京都人はイメージほど小食じゃない。むしろ食いしん坊だ。京都人はアッサリしたものよりも、コッテリ味が好きだ。

京都人にとっておばんざいとはあくまでケの料理であり、嫌いではないが、可能ならば避けたいくらいには思っている。

そんな彼らの〝素顔の嗜好〟をいくら説明しても、ちっとも理解してもらえないのは、ときに歯がゆいものだ。そういう話をすると、ほとんど耳を塞いでイヤイヤをするようなよそさんも多い。私は決して露悪的になっているのではなく、コッテリの中のはんなりだったり、雅やかなる食いしん坊だったり、おばんざいとは違った京都的伝統食の美味しさを伝えてゆきたいと考えているだけなのだが。よそさんの夢を壊さないようにするのも大変だ。ま、そんな夢、私は知ったこっちゃないから続けさせていただくが。

意外な、というか、いかにも京都らしくないこの街の食シーンの現実をいくつか紹介するとすれば、異様なまでの彼らの牛肉好きがまずは挙げられるだろう。小食でアッサリ好きでおばんざいばかり食べていなければ、消費量全国ナンバーワンになど、なったりはしない。京都の肉屋の軒先に、しばしば見つかる素晴らしいポスターをご存知だろうか。それは可憐に微笑む舞妓さんのバストショット。その横にでかでかと金赤一〇〇%で躍る文字は「京都肉」。……なんとなく、解っててわざとこんなキャッチコピーにしたような気がして仕方がない。

実は京都の原住民は牛肉と並んで鰻の蒲焼を日本で一番食べている連中だったりもする。小食でアッサリ好きでおばんざいばかり（以下略）。ちなみにギョウザも全国第三位。うどんお

ミックスフライ

京都、揚げます

「グリルはせがわ」のミックスフライ定食

ご飯の炊き具合から卓上に置かれたドレッシングまで手抜きのない銘洋食店。クラシック音楽が流れる。私はついミックスフライを注文してしまうが、こちらの名代であるハンバーグと組み合わされたものもオススメ。

Aミックス（エビ&ハンバーグ）1400円。

北区小山下内河原町68（MAPⒶ）

☎075-491-8835　㈮11:15〜22:00　月曜休

かずに巻き寿司やおいなりさんを頬張り、ラーメンには必ずチャーハンかライスを頼む。そしてそのラーメンの汁は豚の背脂が一面に散らされているか、なんだかわけがわからない原材料でどろどろにゲル状だ。もしかして、と私は思う。懐石料理だって洛外で発達していたとしたら、品数はもっとずっと少なかったのではないだろうか。

私が十代の初めのころから大好きだった店に賀茂川畔の洋食屋「グリルはせがわ」がある。もっとも食事をする機会を得たのは二十歳を過ぎてから。もともと存在を知る切っ掛けというのが出身小中学校からの帰り道だから、一人で入るには無理があった。それでなくとも道草ばかりしていた子供は、家とは正反対の方向にあったこの店のウィンドウを覗くためだけに、しょっちゅう遠回りして帰っていた。まるでトランペットが欲しい黒人の少年みたいに、蠟細工のサンプルを眺めていた入江である。

「グリルはせがわ」の名代は揚げ物。様々なフライやコロッケをハンバーグなどと組み合わせた定食があって「今日はこれにしよう」「来週はあれを食べよう」などと注文する空想を楽しんだものだ。テイクアウトのコーナーもあって、そこに並んだ見本のカツサンドにも心を奪われた。そんなふうに長い間、憧れていた店だから、初体験はなかなか感動的な、晴れがましい気分になったのも想い出である。

実際に口にした「ミックスフライ」は腰砕けになるほどの絶品でも、逆に拍子抜けするようなショボさでもなく、非常に真っ当な美味しい定食であった。この感想は今でも変わらない。いつもほどよくカラリと揚がっており、重すぎず軽すぎず、とてもバランスがいい。食べきったあとの過不足ない満腹感も、小食で（以下略）な京都人には嬉しい。

似たものは際限なくあるし、どこの店のミックスフライであってもそのすべてがというわけにはいかないけれど、「グリルはせがわ」の一皿は紛れもなく京料理である。そしてここと並ぶ正直な洋食屋は、また洛中に皆無ではない。よそさん相手の食堂で、骨董風の器にちんまり盛られて供される、まともに味のついていない素材の味を生かした（笑）おばんざいもどきなんて、いったん碁盤の目から出てしまったら誰も見向きもしない。が、はせがわ的ミックスフライは、きっとどんな街でも愛されるだろう。京料理とは、そうでなければならない。洛中でだけ姿を現す蜃気楼では困るのだ。

飾っておきたくなるように精緻で繊細でも、いざ用いてみれば精緻にも繊細にもちゃんと理由があって機能性に優れている。それが京の道具である。ひたすら無骨な見かけながら使うと思いがけず手に馴染み、驚かされるのも、また京の道具である。それが、いかに昔からの製法を守り、形態を留めているかなんて——無意味だとはいわないが——京都という母体から受継いだ性質のほんの一部でしかない。食べ物についても同じである。

伝統はカタチではない。リピートではない。ましてや記号でもない。その場所で今を生きる人間の生理に根ざした「京都フライ」みたいなコンフォタビリティなのだ。

当たるを幸い何でも食べる。仏においては仏も食べてしまうかもしんない。

中東久雄氏の著書『草菜根』を拝読していると、花背の美しい豊穣の山裾、山懐、人の手ではなく神の手で育まれた恵みを食べて遊んだ氏の少年期が描かれており羨《うらや》ましいばかり。うっとりしてしまう。きっとそんな経験が「なかひがし」の料理にも見えないアウラとなって宿っているに違いない。でなければ、あの無比の美味しさは説明できない。

料理とは素材を切ったり火に通したりしなければ完成しないものだ。が、それらにこもる〝自然の気〟に氏は傷ひとつつけていないのだと思う。そんな技は自然霊と親しみ、その徴《しるし》を知悉《ちしつ》した者にしかできないだろう。あ、だから神技というのか？

洛中に育った私には中東氏のような子供時代は、送ろうにも送れなかった。しかし、だからといって大人しく与えられたものだけを食べていたという保証はどこにもない。そう。私は花喰いであった。ふふふ。

私の卒業校の花壇に咲くサルビアには、吻状《ふんじょう》に突き出した部分がひとつ残らずなかったはずだ。私が見逃したものは藤田雅矢が摘んでいた。説明するまでもなかろうが蜜を吸っていたのである。それでも、つつじは、摘み過ぎると目立ってしまうのでそこそこでやめた。

とくに好きだったのは、通学路の中央分離帯に植えられていた百合の木の蜜。大きな緑の花(正確には萼《がく》)は、百合というよりチューリップみたい。花弁は芯に近づくにつれアプリコット色になっており、ここに蜜が溜まった。飴のように、ねっとりした琥珀色の蜜であった。

実がつく樹も絶好の標的になった。寺社の多い京都だから石榴《ざくろ》、無花果《いちじく》には不自由しなかっ

黒塚

開運桜

平野神社の開運桜

京は桜の都。花の名所は数あれど、わけても名高い平野神社。その咲き誇る八重の桜の塩漬けである。縁起のよいことこの上ない。塩を抜けば料理にも使える。お祝いごとのお膳にあしらい京風に寿《ことほ》ぎたい。

開運桜300円。

北区平野宮本町１（MAPⓄ）

☎075-461-4450　開門時間：9:00〜17:00　無休

た。さすがに青梅は齧らなかったが、塗り壁を見越した夏蜜柑はもいでいた。酸っぱくて酸っぱくて鼻の頭に汗を掻きながらそれでも食べた。

ターゲットには葡萄を塀に這わせたお洒落な洋館もあった。どこの公園の植込みにあるか、どこの家の垣根の隙間から収穫できるか、私はかなり広範な区域の地図が頭に入っていた。棗《なつめ》、グミ、花梨《かりん》、桃、山桃、なんでも口にした。どれも観賞用の園芸種だったから決して甘くはなかったけれど、食べられなくはなかった。まるで害虫、というより餓鬼である。

柿は盗らなかったが、これは実がなる部位が高すぎて手が届かなかったせい。樹の持ち主に怒られることを怖れたのではない。木登りするようなアクティヴな子供ではなかっただけだ。後に山間の大学に通っていたとき、アケビを発見して喜びのあまり絡んだ蔓《つる》をよじ登って背中から落下。死にかけたエピソードを有する私だから、よしんば柿に挑戦していたとしても成功したかどうかはかなり疑わしいのも確かである。

私の一等好きな果物はサクランボ。あんまり好きで、子供の頃から「将来、煙草を吸うようになったら銘柄は『チェリー』にしよう」と思っていたし、冗談ぬきでチェーホフを読み出す切っ掛けにもなった。サクランボというだけで我を忘れて小鳥でさえ啄《つい》ばまない真っ黒で苦いソメイヨシノの実も食べた。だから舌が痺《しび》れるほど食べていると、そのうち法悦が訪れるが如く甘味を感じることを私は知っている。かなりヤバイ。けれど誘惑には勝てなかった。

私の『桜の園』は「平野神社」である。早咲きから遅咲きまで四十種類余。おかげで花見客の殷賑《いんしん》も途絶える四月末頃から七月頭まで様々なサクランボが楽しめた。ナポレオンとまではゆかないまでも、ソメイヨシノよりはかなりましな実がなる樹種もあった。うちからそう遠くなかったせいもあって、しょっちゅう出掛けた。

ここで『開運桜』を発見したのはいつ頃だっただろう。縁起ものの桜湯にする塩漬けの花である。八重桜はどれも總《ふさ》ごと落花して実なんてならなかったから綺麗だけどツマんないと思っていたが、こういう食べ方があったかと感心した。さすがに成人した頃からは園芸種のサクランボを摘むことはしなくなったが開運桜はいまも常備している。さっと塩抜きして私は料理にも使う。昆布〆した白身の魚と和えたり、梅酒のゼリーに流したり。漉し餡とは出会いもの。白玉を浮かべた冷やし汁粉（関東でいう御前汁粉）に咲かせて、ゆく春を惜しむ。

かくのごとく何でも食べた私だが、花そのものは食べなかった。薔薇《ばら》やパンジー、香り高い金木犀《きんもくせい》やタイサンボクなどにはかなり惹かれたが「この一線を越えてはいけない」と思っていた。花を喰うのは、もはや餓鬼ではない。正真正銘の鬼だ。

だが——実をいえば平野神社は私の『黒塚』*でもある。一年に一度。夜桜の宵だけ、私はこの能のシテ方になりにゆく。

＊黒塚……奥州安達原で行き暮れた山伏が借りた宿の主は憂き世を厭う老婆であった。やがて老婆はたき木をとりに行くが、その間に自分の閨だけは見るなといい置く。見るなと言われれば見たくなるのが人情。山伏の荷運びが覗いたそこには死体の山。二人は逃げるが老婆は鬼女に姿を変えて追う。だが山伏の祈りは鬼女に我が身の浅ましさを教え、老婆は羞恥に闇へ消える。

私の友人に目の保養になるくらいの美人姉妹がいる。友人というのは財産だが、これが美人で、しかも姉妹ときた日にゃあ、ちょっとした宝もんである。姉を佐伯麻ちゃん、妹を綾ちゃんといった。

私が英国に本拠地を移す前はちょくちょく家に遊びに来てた。私はもちろん友人になら誰にでも食事を作るにヤブサカではないが、やはり美人姉妹には気合もはいる。ところが勢い込んで「なにが食べたい？」とリクエストを聞いても彼女らの答えはいつも同じであった。姉は「切干大根」、妹は「ひじき」と言って艶然と微笑んだ。

二人は子供の頃からそれをとくに好んだらしい。誕生日を前に、なにかご馳走を用意するつもりでいた彼女らの母親も毎年のように私と同じ解答を得ては「張り合いのない子ねえ」と肩を落としていたという。

切干大根（京都人は「千切り大根」あるいはもっと直截にただ「千切り」と呼ぶ）やひじきに恨みはないが、これはあまり美人の食べるものではない。個人的にはかなり好きなおかずであり、ロンドンでもしょっちゅう食べている。ただ純粋にイメージの問題だ。名前だって麻、綾だからいいのであって、これが丑《ウシ》、寅《トラ》ではまるで鬼門。美人も台無しではなかろうか。

薔薇は薔薇と呼ばれる以前から薔薇であったというけれど、そんなことはない。人は薔薇という名を知って薔薇の美しさに気づく。イヌフグリは、その実の形状が犬の陰嚢《ふぐり》に似ているところから、その名が付いた。けれど可憐な青い花に人は天人唐草の呼称も与えた。我々は、はものの名前にすら惑わされる程度に愚かな生き物なのである。大切なのはイヌフグリと天人唐

千切り

京美人の条件

「フレスコ」のせんぎり大根

普段の食は、普段の店で買いたい。京都発のスーパー「フレスコ」はチェーンだけれど地域密着型。かつての公設市場を偲ばせる。本店というのはなさそうなので、私の好きな堀川商店街の別名「町家店」の住所を掲載。

上京区下立売通堀川西入西橋詰町290（堀川店）（MAPⓒ）

☎075-813-5931　㊢10:00〜22:00　無休

www.super-fresco.co.jp/shop/index.php

草、両方知っておくことだろう。

さて、切干大根の場合、乾物というのがイケないのかもしれない。新鮮な檸檬《レモン》を齧ってトパアズ色の香気を起てる智恵子（Ⓒ高村光太郎）とか、「腐りかけがいちばん美味しいのよ」と桃を舐める大楠道代（Ⓒ『チゴイネルワイゼン』）とか、くだものというのは清純から耽美《たんび》まで幅広く美人を包括している食材だが、干柿ではどうしても縁側で日向ぼっこをしているおばあさんにしかならない。

それとも素材の大根そのものに問題があるのだろうか。「大根足」という言葉や、沢庵の匂いを想起させるからか。沢庵は茶道や香道にも用いられる由緒正しい漬け物なのだが、千枚漬けや柴漬けなんかに比べるとあきらかに分が悪い。確かにギンガムチェックのナプキンかなんかに包まれた美少女のお弁当箱からトンネル効果で匂いが漂ってきたら、ちょっと幻滅しちゃうかも。

もうひとつ考えられるのは、その色である。茶系はよろしくない。ひじきはまだ人参の赤がアクセントになって可愛げもあるけれど、京都人は切干大根を炊くとき一般的には油揚げしか入れないので、大皿に盛ったその景色はまるで枯野の山である。

と、そこで気がついた。ポイントは〝量〟だ。美人と大食いは相性が悪い。佐伯姉妹も「お米一合炊いただけでも二人で余っちゃうのよ」なんて言ってたが。

それでなくとも私は作りすぎてしまう人間だが、いわゆる《おばんざい》の代表格である切干大根は「フレスコ」のような京都人のための普段使いの店で買ってどーんと作ってどーんと盛ってわさわさ食べるのが常道である。この形式はどう考えても美人に似つかわしくない。たとえば「かね松」の上等（現在、入荷未定）を薄口醤油で茶というよりはベージュに仕上げ、伊万里かなにかの染付の豆皿にツンと立てて盛りつけ、唐辛子の輪切りを二、三あしらうと風情も出てこよう。けれど、それでは《おばんざい》にならない。「かね松」であっても一把まるまる炊いてしまうべきものだ。残ったら翌日食べればよい。そういうのが《おばんざい》だ。美人が多いはずの京都だけれど、京都人が日常的に口にする料理は、あまり美人向きとはいえない。

美人はお雛様の飾りみたいな食事をするべきである。しかし実際、切干大根を食べても美人のままだった麻ちゃん綾ちゃんを綺麗にみせていたのは、その食べ方であった。うちでは、ごはんのお替わりもしてたもん。大鉢から直《じ》か箸で取り皿に移す我が家の作法に則《のっと》ってなお可憐であり得たのは、心から「美味しい」と言い、また美味しそうに食べていたからだろう。

世の中には食事に興味のない、ものを不味そうに食べる（のが似合う）美人も存在する。だが、彼女らは美しいまま切干大根を食べることができない。そういう意味で本当の京美人とは、上品に、なおかつ楽しんで、おそらくは量だってたっぷり食べてしまえる女性である。

ワインクーラーいっぱいに活けられたバーニャカウダ（生野菜をアンチョビーオイルで食べるイタリア料理）を平らげた漫画家の吉野朔実嬢始め、私の周りには京美人的美人が多い。

私には好き嫌いがほとんどない。が、しかし、私は海老《えび》が食べられない。アレルギーなのだ。間違って食べると体の粘膜部が熱を持ったように痛みだす。眼が充血し、唇が割れ、鼻血が流れ、胃が猛烈に痛くなり、最終的には嵐のごとき下痢が襲ってくる。知らずに摂取しても同様の症状が起るところをみると、満更気のせいではなさそうだ。

蟹《かに》や貝類、蝦蛄《しゃこ》も大丈夫。だが小海老からロブスターまで、海老という海老はみんなだめ。以前は赤い干し海老が化石のように張りついたチープなおせんべい『満月』ですらおなかを痛くした。そのかわりオマールみたいな大型種は少量なら平気であった。今はカップヌードルに入っているような乾燥海老は大丈夫になったが逆に高級品は一切受け付けなくなってしまった。なんかすんごい損したような気がするんだけど、気のせいだろうか。味は大好きだから、人が注文しているのを見ると悔しくてしかたがない。

なぜ味を知っているかといえば、このアレルギーは、ある日突然我が身を襲ったからであり、なぜアレルギーの質の微妙な変化が判ったかといえば誘惑に負けてときどき試して（その度に死にそうになって、それでも懲りずにまた試して）いたからである。そのくらい好きだったのだ。馬鹿？

ある日突然、と私は書いたが、正確には十四歳の一月二日にそれは始まった。なぜそこまで正確に覚えているかというと一族恒例の正月宴席で食べた天麩羅で、初めてのアレルギー性腹痛を経験したからだ。いや、アタったのではない。その場にいた全員、なんともなかった。

私は自分のぶんを平らげたあと、各席を回って新年の挨拶とお酌をしながら彼らの皿にまだ

春巻

一線を越えた海老

『竹香』の春巻

京都的に進化を果たした中国料理屋。祇園の店らしく「舞妓さんが食べはってもええように」ニンニクを使わない。にもかかわらず、すべてが香ばしく本格的な味わい。この春巻など、いくらでも食べられる。

春巻750円。写真は二人前。

東山区新橋花見小路西入ル（MAPⓀ）

☎075-561-1209　㊔17:00～21:00　火曜休

海老が残っているのを目敏く見つけては「もろて（貰って）も、ええ？」と社長さんにおねだりするホステス嬢のように収穫していった。尻尾ですらも見逃さなかった。とんでもなくいやしい子供であった。ひょっとしたら、この日の腹痛はアレルギーではなくただの食べ過ぎだった可能性も完全には否定できない。今でもたまに親戚と会う機会があると酒の肴の想い出話にしばしば私の海老好きエピソードが持ち出されるくらいだから、よほど印象深かったのだろう。

ともあれ「大好物が仇《あだ》になるはずはない」という根拠のない思い込みから、それからも私は海老を食べ続け、そのたびに悶絶《もんぜつ》していた。やがて、その原因が海老であると気づいたときの奈落のような絶望がお解りいただけるだろうか。人のぶんまでヤマメを食べてしまったために龍になってしまった『龍の子太郎』のおかあさんの悲哀が私を満たした。バチが当たったんだと思った。ヤマメ三匹で龍にされてしまうくらいの罪があるならば、私がアレルギーになってしまうのは当たり前に思えた。「ああ、せめて尻尾まで回収するのはやめればよかった」とか。もしかしたらあらゆる食材は一生のうちに食べられる定量が決まっていて、すでにその一線を越えてしまったのではないかとも考えた。

口にできないがゆえの固執から、愚かな試し食いを続けてきたけれど、さすがに最近はしていない。〝食〟の世界が広がって海老の他にいくらでも美味しいものがあると知ったからだ。ただ代償行為として海老の小物を集めたりしている。

海老アレルギーで一番困るのは、お招きにあずかったとき。海老というのは値段的にもイメージ的にも格好のおもてなし素材なので、出てくる確率が非常に高い。好き嫌いならば何としてでも食べるのだが、なにせ病気だ。図々しいとは思うが、あらかじめアレルギーの旨をお伝えするようにしている。

難しいのは向こうが一緒に食卓を囲むつもりか否か、伺う時間は食事どきだが、「何か作りますよ」とも言われていない場合だ。外食ならば避けて通ることも比較的容易。天麩羅屋でもキスや穴子を食べていればいいし、飲茶も選択肢が豊富だからなんとかなる。だが、心のこもった手作り料理が出てきた日には万事休す。このときばかりは体質を恨む。

中華も海老を主役に据えたものが多いので若干困難を伴う料理だが、幸い我が家のメインダイニングのひとつ「竹香」は海老料理が少なかった。ここは接客業が集まる祇園という場所柄かニンニクさえ使わないという店だ。いわば京都的に進化を果たした京都人のためのチャイニーズである。海老に夢中だった頃から、こちらでは名代の「春巻」始め他のメニューのほうが好きだった。

ここの春巻は一種一属。似たものを知らない。比較対象がないから美味しさを説明するのが難しい。もちろん様々な食材が出会って味覚が生まれるわけだが、まるで最初から「竹香の春巻」として収穫されてくるのではないかと思うほど完成している。何にでも一生のうちに食べられる量が決まっているのなら、神様、どうかまだそのときが来ませんようにと祈りながら、いつも頬張っている。

いも、たこ、なんきん。女性の好物とされる三つだが、サツマイモとカボチャはともかく、どうして蛸が仲間入りしているのかよく判らない。冷え症にいいとか、そういう話も聞いたことがない。むしろグロテスクで嫌いな女性も多かろうにと思う。同系統でまとめるなら栗や豆などのほうがしっくりくるのに。不思議だ。

しかし芋と南京については確かに一般論になるだけの説得力がある。ほくほくした甘さ、炭水化物の旨味、そしてなにより暖かい感じがオンナゴコロを擽るものと思われる。

個人的には、そのいずれも取り立てて好きではない。甘いものも、栗や小豆も大好物だ。また口にしたらしたで「ああ、美味しいよね」とも思うのだけど、積極的に「いも！　なんきん！」とはならない。

芋なら小芋か山芋が好き。しかし、この場合は芋にではなくネバネバ・ヌルヌルしたものに惹かれているのだ。ジャガイモも含めイモ類を食べたときの、腟内の水分が奪われるような感じが、どうも私は苦手らしい。そんなふうに言うと、たいがいの女友達は「うんうん、解るわー」と理解を示してはくれるのだが、やっぱりみんなイモ好きである。それとも男には解らない特別な成分を、それらは含有しているのだろうか。

日本でサツマイモといえば埼玉県の川越か、鹿児島と相場が決まっている。が、京にも独自のイモ文化がある。むしろ『ヤキイモ文化』と呼ぶべきかもしれないが。

この街にはヤキイモ屋が多い。もちろん「いーしゃ――きぃ～ぃもぉ――や――きぃモッ」と住宅地を回ってくる屋台もたくさんいる。けれど、むしろ店舗を持って商売しているところ

大学いも

京おんなに捧ぐ

『山本屋』の大学いも

京都には屋台よりも店売りの焼きいも屋が目立つ。有名店も多いがここの大学いもは格別におすすめ。かぶりつくとパリッと揚がった表面としっとりトロリとしたいもの間から糖蜜がしたたりおちるのだ。

大学いも１パック300円〜1000円。

北区新大宮通り今宮通下ル（MAPⒷ）

☎075-492-1955　㊫9:00〜19:00　水曜休

が目立つ。京都以外の日本の都市を熟知しているわけではないが、あらゆる商店街に必ずヤキイモ屋が備わってる場所はそんなにないと思う。

むろんこれが下手《ゲテ》の素材であることは京都でも変らないのだが、たとえば高級な和菓子舗にさえ『家喜芋』なんてのが見つかる。「＊二條若狭屋」が近衛家の園遊会に納めてのち人気を博したもの。薯蕷《しょよ》（つくね芋や大和芋などの粘りの強い山芋）生地ではあるが、なんとサツマイモは使用していない。なのにヤキイモに似せて作り「やきいも」と呼んでしまう。愛か？　愛だな。

私が初めて積極的にヤキイモを買ったのは「＊丸寿《まるじゅう》」である。ここはいまでも行列のできる店だが、その当時はそれこそちょっとしたブームになっていた。冬場はヤキイモだが有名なのはふかしのほうで、塩水に一時間ほど漬けてから蒸すのがコツなのだと聞いた。室温で一週間ほども置いて熟らすとさらに美味しくなるという。正月の『にらみ鯛』（三箇日の間は睨んでいるだけで食べない習慣）のようで京都らしい。

ともあれ丸寿のイモは確かに、それまでの認識を覆すに足る美味であった。焼き上がり時間に出くわしたときは何度か買い求めもした。

けれど、何となくの域を越えて、たとえば夜半にいつもより丁寧にお茶を淹れたりしたとき発作的に食べたい！　と唾が湧いたりするイモはといえば「山本屋」の大学いもしかない。むろん最初はこれも衝動買いであった。ガラスケースの向こうに並ぶイモというよりは、真っ黒に時代のついた巨大な焼き釜に惹かれてその気になった。

買い求めたその場でさっそく一口齧ると、飴っぽくなった外側と練り切りのように柔かなサツマイモの隙間に溜まった糖蜜が滴たたたたたたたり落ちた。甘すぎもせず水っぽくもなく、かといって喉も渇かない完成した味覚。想像できるかぎり最も理想に近い大学いもであった。長いばかりで、あまり面白味のない『新大宮商店街』だが、異彩を放ついくつかの名店のひとつである。いつも家に持ち帰ってカフェ・オ・レーかなにかと一緒に食べれば美味しかろう、手も汚れないし、とか思うのだが、どうしても我慢できずに口に運び始め、ひとパック歩きながら平らげてしまう。

この都市を彩る様々な記号のなかでも、ひときわ目を惹き人気が高い京おんな。彼女らの存在なくして〝京都らしさ〟のジグソーパズルは完成しない。おそらく、この街のヤキイモ屋の数は京おんなのパワーを象徴し顕示するものと考えてもいいだろう。

よそさんのためのキモノや帯の店、男達のための舞妓や芸妓などの花柳界なんかでは本当の京おんなは観察できない。京都人の日常を支え、都市の原動力として欠くべからざるリアルな彼女らの姿を見ようと思ったらヤキイモ屋は最高のサンプリング場所である。それは家族やお客やなんやかやに託《かこつ》けて、京おんなが自分のためのご馳走を買う店であるがゆえ。

＊二条若狭屋……中京区二条通小川東入ル西大黒町333　＊丸寿……中京区蛸薬師通河原町西入ル

京都に、洛中に住むというのは、美味しいものに取り巻かれて暮らすということだ。五分ほども歩けば棒に当たるように銘店の二つや三つや十もなきゃ京都じゃない。また例によって入江が極端なことを言い出したと思われるかもしれない。が、もしあなたが京都人なら私の言葉の意味が解るはず。改めて見回せば観光ガイドに載っているような店に囲繞《いじょう》されている。それが京都だ。自慢しているわけじゃない。ただ、当たり前のことだといっている。

なかには観光客に阿《おもね》り京のイメージを糊塗して、挙句よそさん御用達に変貌してゆく店もある。けれど大半は、あくまで地元京都人を対象に商売をしている。京都以外では「わざわざ出掛けてゆく（価値のある）」存在である老舗や有名店が、この街の住人にとっては下駄履きの距離にある。この差が京の食文化の温度を地方と異なるものにしている。

私の京都の住まいは西陣。同じ町内には、かしわの水炊きで有名な「鳥岩楼」*がある。私にとっては昼のサービス品『親子どんぶり』を食べる店だ。二階の座敷から壺庭を眺めつつ丼をかきこんでいると、「千両ヶ辻」と呼ばれていた西陣黄金期の若旦那気分を満喫できる。

デザートは、店のある五辻通りを西へ歩いて「かま八」*で購入するのがいいだろう。銘菓『西陣のどらやき 月心《げっしん》』の尋常ならざる生姜の風味はまさしく〝過剰なるものを洗練させる〟京都の味覚そのものである。「辛らー。美味《うま》ー。」と頬張り、煎茶で口を洗えば、いうことなし。

食後のお茶は「静香」*で。いわゆる「イノダ」系の京都コーヒー。大変濃くて芳ばしい。この店では観光マップを広げた女の子たちと常連のじいさん達がなんともいえない平和な共存をみせていて、このオープンな雰囲気こそ京都だなあといつも思う。

おやつ昆布

僕の西陣へおいで

『五辻《いつつじ》の昆布』のハート昆布と司梅

だし昆布をイメージした（ウソ）近代建築が目立つこの店は実は今年で百周年。京都の出汁は、鰹より雑魚、昆布が基本。近代京都の味覚を支えてきた大切な老舗である。ハート昆布、司梅ともに525円。

上京区千本通五辻東北角（MAPⓒ）

☎075-431-0719　㊎9:00〜18:00（祝日は〜17:00）　日曜休

午後のおやつは「大正パン」。お薦めは英国の『クリームドーナッツ』を思い出させる懐かし味のコッペパン『フラワーサンド』。飾られた赤いチェリーが蠱惑的。昔ながらの調理パンが揃っているので、天気がよければそれらを買い求め天神さんまで散歩して境内で食べたりするのもいい。その場合おやつは「天神堂」*の『やきもち』と（京都人なら）決まって——京都人なら——いる。

お昼をそんなふうに軽めに済ませたら、晩はボリュームたっぷりに「スケロク」で肉を奢るのもいい。ここはビーフステーキではなく、ビフテキの店。あ、「糸仙」*で広東料理よばれるのも、ええなあ。

西陣は、小さな、けれど興味深い社寺の宝庫である。名物「たんきり飴」*（現在、職人さんの腰痛のため製造休止中）を舐めながら、一日中でも退屈せずに歩いては食べ、食べては歩きして愉しめる。それらの店が西陣という土地を物語ってくれるのだ。なぜ、それらの味がここで生まれ、親しまれ、受け継がれているのか……難しく考えずとも、端的に明確に舌で都市を感じることができる。まさに「食えば解る」のである。すべてを制覇する必要もない。

「静香」のかわりに町屋を改装した「focal point」*でお茶してもいいし「かま八」*ではなく「塩芳軒」*の上生と張りこんでも構わない。要は味覚と地域、土地が深く結びついているのだということを体感してもらえればそれでいい。それは京都最大の魅力のひとつだ。ただしこれを味わうには〝巡る〟必要があるから強靭な胃袋を必要とするけれど。

さて、西陣界隈の味で忘れてならないのは今や観光バスが横付けされる超人気店となったお漬け物の「近為」と、千本通りを隔てて向かいの「五辻の昆布」だろう。いずれも不景気知らずの両店だが、そのベクトルは好対照である。

積極的に京都の外に向かって戦略をすすめる「近為」に対して、あくまで京都人の台所を基本に据えた「五辻」。確かによそさんのお土産向き品揃えは増えた。だが、地付きの漬物屋なら必ずあるはずの樽売りをやめた「近為」とは異なり、「五辻…」は今も淡々と店先の吹きっさらしで大きな木箱に角切りのサービス品を満たし計り売りしている。

これで五目豆を炊くと、たっぷりの滋味が滲みだし、豆はつやつやと光り、昆布はとろりと野菜の旨味を含んで柔かく仕上がる。時間さえかければ誰にでも作れる京の味だ。むろん普通にだし昆布として使っても風味絶佳。残りは捨ててはいけない。そんなことしたらバチが当たる。やはり出汁を取ったあとの雑魚といっしょに山椒の実を加えて佃煮にするのだ。

ともあれ、それは家に帰ってのお楽しみ。西陣散策のお伴には『おやつ昆布』をどうぞ。もちろんお土産用ではなく、成型したあとに余った端っこを集めて袋づめしたものを齧りながら……が、この場合、正しい。これぞ本物の『都こんぶ』である。

＊**塩芳軒**……上京区黒門通中立売上ル　＊**focal point**……上京区大宮通元誓願寺下ル　＊**天神堂**……上京区北野天満宮東門前　＊**大正製パン所**……上京区今出川通千本東入ル南側　＊**鳥岩楼**……上京区五辻通智恵光院西入ル　＊**かま八老舗**……上京区五辻通浄福寺西入ル一色町12　＊**たんきり飴本舗**……上京区大宮通寺ノ内角　＊**静香**……上京区今出川通千本西入ル南側　＊**ビフテキ スケロク**……上京区堀川中立売北東北　＊**糸仙**……上京区今出川通七本松西入ル真盛町729－16

ウマイ食べ物には二種類ある。ちょっと物足りないな……と思うくらいが美味しいもの。そして、しこたま喰らってこそ美味しく感じるもの。なかには、コーチ！　もうこれ以上入りません！　というところまで詰め込んで初めて「美味しかったー」という思いが込み上げてくるものもある。

好きなればこそ腹八分目で止められないという人もいれば、だから一口だけを大切にしたいんじゃないのって意見も理解できる。一般論でいけば、脂っこいもの、濃厚なものは少量のほうが満足度が高く、逆に度を越すと鼻についてくることになるのだろう。が、ラーメンや焼肉などを食べるときは腹いっぱいになりたい者がマジョリティではなかろうか。嗜好ってもんは非常にデリケート。一概に分類することはできない。

あと、当然のように年を重ねてゆくなかで味蕾と胃袋の関係も変化を遂げる。私の究極のフェイバリットフードといえばアンコ。はっきりいって尋常でないアンコ狂。信仰に近い。美味しい和菓子はみんな好き。それどころかアンコでさえあれば何のコダワリもなく、食べるほどにウマさが増してゆく気がした。「赤福」は一箱食い。「御座候」はダース食い。「汁粉ドリンク」はリットル飲み。いやはや天国であった。

しかし加齢とともに体のコンディションが変ってしまった。リットル飲みとか書いてるだけで胃酸が上がってくる。ま、それがジョーシキなんだろうケド。むろん自動販売機で買う一本ならば現在でも美味しいく飲めるとはいえ、ワンツーワンツーでアンコを流し込んでいく食い倒れマシンだったかつての私はもういない。

おはぎ

喉までとどけ！

「今西軒」のおはぎ

粒あんも、こしあんも、きなこも好き。ゆで小豆も好き。だから「今西軒」で売ってるものは全て好きということになる。糯のやわさ加減、アンコのぽってり感、そのハーモニーが絶妙。午前中の早い時間に行きたい。

おはぎ１個155円。折箱入はプラス80円。

下京区五条通烏丸西入ル1筋目下ル横諏訪町312（MAPⒺ）

☎075-351-5825　㊥9:30〜（売り切れ次第終了）　火曜、第1･3月曜休

そりゃあ、いまでも桂にある「中村軒」などに伺うと、いずれが菖蒲《あやめ》か杜若《かきつばた》状態のうえに〝わざわざ〟という意識が働くから普通の人から見ればトンでもない数を買ってしまう。けれど、どんなに上出来の和菓子でも、ひとつの種類を延々と食べ続けたいとはもはや思わない。

ところが、である。いまだに「おはぎ」だけは嚥下量と満足感が比例する気がしてしまうのだ。いったい何の因果かは知らないけれど、喉元まで満たしたいという欲求に駆られる。ただ、実際にはやったことがないのだけれど。キンタマ持って生まれたからには男らしく果敢に挑戦せんかい！　と思わなくもないのだが、男らしさの解釈が間違っているかもしれないという問題はさておき、どうやら私は怖いらしい。つまり「おはぎ」も他の餡もの同様に、ひとつか、せいぜいつぶしと黄粉のふたつが美味しい適量なのだと判明してしまうことが。

もし、この実験をするのなら、絶対にここしかないと決めているのが「今西軒」である。老舗菓子舗、というより京都でも珍しいおはぎの専門店である。こちらが拵えるぽってり小ぶりのものであれば、ちょっとした数をいける自信がある。ほんとうに、いまさらあらためて言いたてるのが嫌になるくらい、「今西軒」のおはぎはスゴイ。なにがスゴイって、こんなに〝おはぎらしいおはぎ〟は滅多とない。どういうことか説明しよう。

おはぎというのは構成要素が少ないから誤魔化しが利かない。それゆえ、ほとんどは京の銘店といえど、ただ「美味しいアンコ」を煮て、半搗きの糯を包み和菓子化してしまうことが多い。それはそれで結構なのだが、「おはぎ」と呼ぶには抵抗がある。

小豆は、とても繊細な素材だ。素直と言い換えてもいい。煮るときの微妙な火加減や、砂糖を加えるタイミングで風味を千差万別に違える。産地や天候によっても性質が大きく左右される。そしてヒトコトでアンコといっても、なにを作るかによって求められる味覚は当然異なる。それを小豆から引き出してやるのが菓子職人の腕の見せどころだ。

「今西軒」におはぎしかないのは、おはぎのための餡しか作らないがゆえ。すべての技術をたったひとつの菓子に収斂《しゅうれん》し、結晶させた非常に稀有な例といえよう。

そんな店だから、ここの生産量はたかが知れている。私が下らない実験のために大人買いしたりしないのは、だからである。ホントは試してみたくて仕方がないのだけれど、やっぱりできない。なるべくたくさんの人たちの口福になってもらいたいのだ。「精魂込めた」という表現が相応しい食があるとすれば、これこそがそれだ。ワンツーワンツーでは、こんにち様に申し訳が立たないだろう。

アンコは脱落してしまった。米料理や蕎麦なんかも昨今はほどほどがいいと感じるようになった。けれど、相変らず私は粉ものとみるとせっせと胃袋を満員御礼にしたがる。お好み焼き、パンケーキ、パスタやクスクスなど、小麦粉の美味さを楽しむものはいずれも満腹中枢が刺激されて初めて法悦が降りてくる。最後の砦《とりで》だ。なにを護っているのかはともかく。

そんなわけで梶井基次郎である。

　この人の書いた『檸檬』という文章を読んでいたら、まるでブランド物にはまってカード破産してしまった上に、おこづかい稼ぎと自分がモテることを確認するためにコンドームもなしに不特定多数と性交渉を持った挙句にエイズになってしまったOLみたい――というか、そのもの――で笑えた。本人も「判ってんだけど、やめらんないのよー」と笑っていたみたいなので救いというのは、どこにでもあるものよのうと妙に感心してしまったのも事実だが。

　ただし文章のほうは自分の悲劇にどっぷり浸っているので些《いささ》か食傷。美川憲一とか細木数子とかにお説教されてちょうど釣り合うくらいの安っぽさであった。やってることも本当は文芸を撮りたいポルノ映画の監督がこっそりフィルムに潜ませるエピソードのようで読んでいる方が恥かしくなってくる。まあ、不細工に生まれついたナルちゃんだから仕方がない。季ィ違いじゃが仕方がない。

　とはいえ『壮絶！　エイズOL衝撃告白手記！――私はただ愛が欲しかっただけ！〜性と酒とドラッグに溺れた二十三歳、悲劇の肖像〜』みたいなノリの『檸檬』がどうして〝名作〟とされているのかは、かなり謎めいている。きっと理解できない私の頭が悪いのだろう。ここに屍体が埋まっているぅ！　と妄想している『桜の樹の下には』のほうは電波系の幻覚症状みたいで面白いけれど。やっぱ『檸檬』はまずいでしょう。

　このなかで梶井は《「そのころ」の私は、「みすぼらしくて美しいもの」に強くひかれた》と、、、衝撃告白している。みすぼらしいけれど、どこか親しみがある壊れかかった街の裏通り……み

フルーツパフェ

京都の下には檸檬が埋まっている

『八百卯《やおう》』のフルーツパフェ

明治十二年創業。老舗の果物店。食べ頃のフルーツは何でもパフェにしてしまう。アボカドですら例外ではない。工夫はないが工夫なんていらない。ここのパフェは、パフェに下手な創作欲《クリエイテイヴイテイ》はかえって邪魔なのだと気づかせてくれる。

フルーツパフェ600円（フルーツは季節により異なる）。

中京区寺町通二条角（MAPⒻ）

☎075-222-2585　㊢11:00〜17:00　日曜休

たいな場所こそが彼を癒してくれたそうだ。《華やかな表通りが京都とすれば、そこはまるで京都から遠く離れた異郷の地のよう》だと。

確かに、ある意味これは衝撃告白。この人はなんにも見えてなかったのね。〝華やかな表通り〟こそが異郷であり〝みすぼらしくて美しい裏通り〟こそが真の京都であると、青春の巨匠でもあるような彼はどうして気づけなかったのだろう。京都人なら誰でも知っているよ、そんなこと。

梶井にとって「京都に住む」ということは、当時の流行ブランドのひとつを身につけるという行為以上のものではなかった。今日、京都へやってくるレトロ趣味のよそさんと変わらない。彼は現実から空間的に逃避したような感覚を味わいたかったというが、それなら宝塚観劇でもすればよかったのに。まだ全国を席巻した『モン・パリ』には三、四年早いが、『檸檬』の書かれた大正十三年には『オリエンタルダンス』がヒットして日本にエジプトブームが起っている。みすぼらしくなかったから駄目だったんだろうか。

無理に穿《うが》てば、彼の感覚は京都＝異郷であるという、この都市の非日本性を正確に捉えていたと推測できなくもない。この年には『築地小劇場』も発足し、日本は近代演劇の季節を迎えていた。華やかな表通りに、新劇やエジプトといったエキゾチズムが横溢しているとき、神経衰弱の青年は〝死都〟を探して京の裏道を彷徨《さまよ》っていた。そしてそこに檸檬を見つけるわけだ。

彼が檸檬を求めた店「八百卯」は現存している。ただし《目深にかぶった帽子のような廂《ひさし》、店頭の電灯の驟雨《しゆうう》のように浴びせかける絢爛《けんらん》》と描写された光景はもうない。明るくモダーンな建物に変ってしまった。

彼は店のある寺町界隈の〝妙な暗さ〟が気に入ってしばしばここを訪れたという。ただ、これも腑に落ちない話で、現在の寺町には、それこそ〝妙な暗さ〟が漂っていて、それが魅力にもなっているけれど、当時の寺町は京都で最初に市電が開通した、今の河原町や四条に負けない繁華街だったからだ。

やはり彼の逍遥は、観念上だけの散歩にとどまっていたと見るべきだろう。まあ、ユトリロも絵葉書のパリを写していただけだというし。京都人としては「そうどすか、よろしおすなあ」である。

そして百年が過ぎた。けれど京の裏道はまだ異郷性を失っていない。

エキゾチズムなんてものがこの世界から消滅してしまったぶん、その刺激も薄れてしまったけれど。「八百卯」にも梶井が買った『丸善』を爆破できるような破壊力を秘めた檸檬はない。そのかわり二階のフルーツパーラーには素っ気無いけれど素直に美味しいパフェがある。完熟果実を噛めば異国の匂いが鼻孔を抜ける。消えたと思っていたエキゾチズムは裏道に隠されていたようだ。表通りに異郷の古都が飾られるようになって居場所をなくしたのかもしれない。

もしもこの時代に梶井基次郎が生きていたとしたら、胸を張って表通りを歩けたのに。そして作家になんかならずにすんだのに。残念だったね。だって、檸檬はもう京都の表にも裏にもない。地下深くに埋められてしまっているのだから。

母が父に最初に作った料理は卵のバター炒めだったという。これに、ちょっとだけ醤油をかけ、それをゴハンにまぶして食べるのだ。いくらなんでも、もう少し凝ったものができなかったか？　とも思うが、それを前に「お前、料理でけへんて言うてたけど、でけるやないか」と感心した父も父である。

褒め言葉に乗せられて、彼女は毎日のように『ほろほろ（我が家における卵炒めに付けられた料理名）』を作り続けた。父が文句を言ったことは一度もなかったらしい。仲良きことは美しき哉。もっとも後年、夫婦喧嘩のとき「ワシがハゲたんは、お前が卵料理ばっかし食べさせてコレステロールが溜まったせいや！」とか怒鳴っていたので、ちょっとは辟易《へきえき》していたのかもしれない。

私がハゲたのは遺伝と過激なダイエットのせいだが、ほろほろに限らずやっぱり卵料理は大好きだ。目玉焼きとか、茹で卵（京都人は「にぬき」という）とか、ただ焼いただけ湯掻いただけでほろほろ並には〝完成〟してしまうところがスゴイ。度量が広い。またどんなふうに料ってもそこそこ美味しくなってしまうところもスゴイ。

友人の吉野朔実嬢が『もっと幸福な一日』（大和書房）のなかで卵を《ひとりで食べる幸福》と称して、目玉焼きほど自由で節操のない料理はないと書いている。これにはまったく同感で、ゆえに「目玉焼きに何をかけるか？」はしばしばクラスや職場で論争の的となる。私はサラダ油で焼いたものには塩胡椒。バターならウースターソースだ。

京都人は存外ウースターが好きで、実は天麩羅にもかけてしまったりする。お座敷天麩羅で

だし巻き

ほろほろ

『志る幸』の出し巻き卵

屋号からも知れるように汁もので有名な店。繁華街のさなかにもかかわらず、この出し巻きをはじめケレンのない昔ながらの「京のおかず」を食べさせてもらえる。こういう料理は「おばんざい」とは言わない。

出し巻き卵630円（お持ち帰り可）。

下京区西木屋町四条上ル真町100（MAP Ⓚ）

☎075-221-3250　㊔11:30〜20:30（L.O.）　水曜休

有名な「天喜*」のような料亭でソースが出てくることはないが、家で揚げるものにはジャバジャバ。京都人にとって天麩羅は日本料理ではないのかもしれない。南蛮渡りの「テンピューラー」なのだ。だとすれば納得いかなくもなくもなくもない。

そういえば、うちではオムレツにもソースであった。オムレツといっても我が家独自のスタイルで、挽肉《ひきにく》とタマネギの微塵切りを炒め、甘辛く味つけしたものを具にして薄焼き卵に包んだ（正確には二つ折りにしているだけだが）あまり一般的ではないスタイル。母の料理にオリジナリティという文字はないので誰かに聞き齧ったレシピなのだろうが、けっこうウマかった。料理の腕が上がったというより、さすがに自分でも、ほろほろに飽きて何か別の卵料理が作りたかったのだろう。ともあれ、うちではそれをオムレツと呼び純和風の味つけがされているにもかかわらずソースをかけた。私は皮に穴を穿ち、そこからソースを皿上に溢れ広がるまで流し込んだ。

ほろほろの対極というか、もっとも洗練された卵料理は斉須政雄シェフが作る『トリュフのかき卵』と京都の『だし巻き』だと信じている。前者は東京の「コートドール」にまで行かねば食べられないが、だし巻きは京都人のマジョリティが大好物としているので、惣菜屋にかぎらずいろんな店で買える。

玉子屋（というのが京都にはある。純粋に卵とその加工品のみを扱う）、魚屋（蒲鉾などの仲間という意識か?）、うどん玉屋、弁当屋、むろんスーパーにも。手作りする家庭は稀だ。ほぐした卵に火を通して固まるギリギリのところまで出汁で割った生地を使い、何重にも巻き上げてゆくので手間もかかるし、かなり高度な技術が要求されるからだ。
だし巻きは京料理。ゆえに、京都人もソースはかけない。大根おろしに薄口醤油などでいただく。個人的には「志る幸」のが気に入っている。かぶりつくと煮こごりのように出汁の旨みが舌の上でほどけ、にんまりするような幸福感でいっぱいになる。

卵の柔軟性、度量、節操なさは京都人に似ている。洋の東西、癖や風味の強弱を問わず、しいんねりと粘菌が餌を捕食するように消化一体化してしまう。

斉須シェフの名作もトリュフという強靭な香りの爆弾を閉じ込めることができる卵のしなやかさを最大限に活かした料理である。京都でトリュフが収穫できたとしたら、京都人もきっとふたつを組み合わせた名作料理を編み出していたに違いない。

六本木のイタリア料理店「アモーレ」の澤口知之シェフがまだ関西在住だった頃、卵のトリュフ漬けをもらったことがある。新鮮な地鶏生卵と粒ごとのフレッシュ・トリュフが大きな密封壜にごろごろと入っていた。押し戴くように持ち帰り、いそいそと私が作ったのは、なにあろう卵ゴハンであった。

丼の縁で殻を割り、卵が炊きたて飯に触れた瞬間、トリュフの蠱惑的な香りが鼻孔までいっきに起ち昇った。さっくりかき混ぜて＊「松野醤油」の『もろみ』を載せ食べた。これは、ほろほろ以下の手間で私が作り得た最高の京料理である。

＊**天喜**……上京区千本今出川上ル上善寺町89　＊**松野醤油**……北区鷹峯土天井町21

英国人に理想のサンドイッチを尋ねるとかなり悩むように、日本人にとって「理想のお茶漬けとは何か?」は永遠の命題である。そんなもの、たいそうな問題ではないと言える人はきっと頭はいいのだろうが、あまり友達にはなれない気がする。少なくともこれは「人はどこからきて、どこへゆくのか?」なんて問題よりは考える価値があるだろう。「よく解んなーい」とか「知るか。阿呆」という答えですまないぶん深い。「人はパンのみにて生きるにあらず! オカズもいるんよ……」とは漫画家、樹村みのりの名言であった。

しかしまた同時に「柴漬け!」「塩鮭!」「永谷園!」などと即座に答えてしまえる人も私は信用しない。考えてへんやん。いつか料理雑誌『dancyu』で京を代表する高級料亭のひとつ*「菊乃井」のご主人、村田氏が理想のお茶漬けを熱く語っておられた。京都人にとってお茶漬けは決して疎かにできない〝食〟だ。この命題には真剣にならざるを得ない。

お茶漬けは、日常の最もケに近いところに属する食。しかし同時に、会席や懐石を〆る重要な役割を担う。それゆえ京都人はいい加減にすませず、工夫を凝らしクオリティを上げてゆこうとする(茶懐石、あるいは湯斗の場合、沢庵と決まっているのでこれは除く)。思えば、この街から生まれたほとんどの味覚は、ケの素材をハレに転じようとした彼らの知恵から産声を上げたのであった。

そんな〝贅沢品〟のお茶漬けだから、京都にはわざわざそのために開発された食がたくさんある。「萬亀楼」の『ぶぶづれ』などがその代表だろう。きゃら蕗が清楚に香り、「鄙には稀な美女」なんて言葉が、ふと浮かぶ。が、ここの古雅玲瓏たる普請を知る者は、むしろそのイメ

ぶぶづれ

カサノヴァ茶漬け

『萬亀楼』のぶぶづれ

宮中有職料理を受け継ぐ高級料亭。魚をさばいて瑞祥を表現する生間流包丁式家元でもある。そんなお店が丹精したお茶漬け佃煮。上品だが野趣豊か。お煎茶でもいいが、おこげをこそげた湯桶に最適の一品。

ぶぶづれ小945円、中1995円、大2625円、特大3675円。ある程度まとまった数なら、地方発送も可。

上京区猪熊通出水上ル（MAP©）

☎075-441-5020　㊔12:00〜22:00（L.O.は19:00）　不定休

ージの差異に驚くはずだ。お茶漬けの具——友という呼び名が私は好きだ——は、京都では、つまり料亭がプロデュースするようなものなのだ。

この街を発祥とする『お茶漬鰻』の存在も京茶漬けの贅沢性を物語る好例である。早い話が鰻の佃煮なのだが、これはウマイ。知ってる人は、ここでウンウンウンウンと頷《うなず》くだろうし、知らない人には声を大にして言いたい。ウマイんだ。

京都には川魚屋が多い。海の遠い都市ゆえに発達したのだろうが、たいていの商店街には魚屋とは別扱いで備わっている。よそさんも錦などを歩くと意外な存在感に気がつくはず。鰻の他に、泥鰌《どじょう》や鮎、川海老、蜆《しじみ》、シラスの釜揚げ、そしてそれらの加工品も売っている。お茶漬鰻はそういう店で買える。

むろん鰻を専門にしているところの商品は格別。元祖「かね庄*」のもいいが「大国屋*」の『ぶぶうなぎ』は最高である。私は煮上げるときに崩れてしまったものをまとめたサービス品専門。ちょっとビンボ臭いけど、いいんだ。味は同じだから。

鰯を使った「六味*」の鈍刀煮、美山産の山椒ちりめん、向田邦子も好きだったという「永楽*屋」の一と口椎茸、京都はお茶漬けの親友に事欠かない。むろん私は京つけものを忘れてしまったわけではない。一般的には京都でお茶漬けといえば条件反射のように誰しも思い浮かべるのが漬け物であろうことは判っている。だが、あえて私は京つけものを、お茶漬けの友として挙げることをしない。

なんとならば京つけものは、ゴハンの女房役としてのアイデンティティーを越え、さらなる高みに進化を遂げた漬け物だからである。妻である前にまず女、そして人間である！　的な独立した漬け物。それらは、いわば自我に目覚めたフェミニスト漬け物なのだ。

私は、京つけものがお茶漬けに合わないといっているのではない。高級な「＊十二段家」から手頃な「＊ぶゞ家」まで、京つけものを取り揃えたお茶漬けセットを売りものにしている店もなくはない。けれど、お漬物屋の総数からすると、もっとあってもよさそうなものだ。私はお茶漬けにするなら〝京〟という冠をつけない素朴な地方の味を選ぶ。

理想のお茶漬けとは、その具が恋人のようであれかしと私は願う。恋人と友達の違いは間に恋愛を、性的快楽を挟むかいなかというだけで大きな差はない。それこそ蓼《たで》食う虫も好き好き、あなた次第、人それぞれに嗜好は異なる。『ぶぶづれ』でも『ぶぶうなぎ』でも、なにか気に入った一品と添い遂げるもよし、あちこち摘まみ食いしてカサノヴァな人生を歩むもよし。人はけっこう味覚に対して保守的になり、ともすると操を立ててしまったりもする。が、お茶漬けに関しては理想の恋人に出会える日まで、ちょくちょく浮気をしても罪にはなるまい。

一日の最後は、一等好きな人に「おやすみ」とキスして終わりたい。それはささやかだけど、じつはとっても贅沢なことだ。お茶漬けの贅沢さはそれに似ている。

＊菊乃井本店……東山区祇園丸山真葛ケ原　＊かね庄……東山区縄手通三条下ル　＊大国屋……中京区錦小路通富小路西入ル東魚屋町177　＊京の六味……中京区釜座通二条下ル上松屋町709―5　＊永楽屋本店……中京区四条河原町上ル東側　＊丸太町　十二段家……中京区丸太町通烏丸西入ル　＊ぶゞ家……東山区祇園町北側292―2

楽天家《オプチミスト》と悲観主義者《ペシミスト》。どちらかと訊かれれば間違いなく物事を悪い方へ悪い方へと捉えがちなペシミストだろう。自分の未来が心配でしょうがない。座右の銘は「お先真っ暗」である（嘘）。

けれど、だからといって五里霧中を必死で照らそうと努力するわけではない。オプチミストではないから「なるようになる」と思っているわけでもない。しょうがないから「しょうがない」と居直っているだけ。ミステリにはしばしば安楽椅子探偵というのが登場するけれど、私は、いわば、アームチェア・ペシミストといったところか（笑）。いや、笑いごとではない。

近ごろ、しきりと《パニック障害》というココロの病について耳にする。これに罹《かか》ると、特別な原因もないのに、突然、動悸が激しくなるわ、胸が詰まるわ、冷や汗が出るわ、眩暈《めまい》に襲われるわで、このまま呼吸困難で死んでしまうんじゃないかと恐怖するほどキツいもののようだ。

ＷＨＯの国際疾病分類学会にて《パニック障害》が正式名称として登録されたのが一九九二年のことだから、いわゆる現代病と考えられているが、実際はかなり昔からコイツは蔓延《はびこ》っていた。かつての通称である「不安神経症」という言葉も普通に知られているはずだ。調査によれば、現代社会では百人のうち三、四人の割合で発生しているらしい。明日は我が身だ。

この疾病はすでに系統だった治療法も開発されており、根気よくケアしてさえゆけば必ず抜け出せるという。けれど、なによりも大切なのは普段の暮らし。いわゆる〝気の持ちよう〟だ。無意識のうちに顔のない心労に蝕《むしば》まれてしまったのならば、こんどは意識して自我を脅かす対

いり番茶

薬缶のなかの嵐

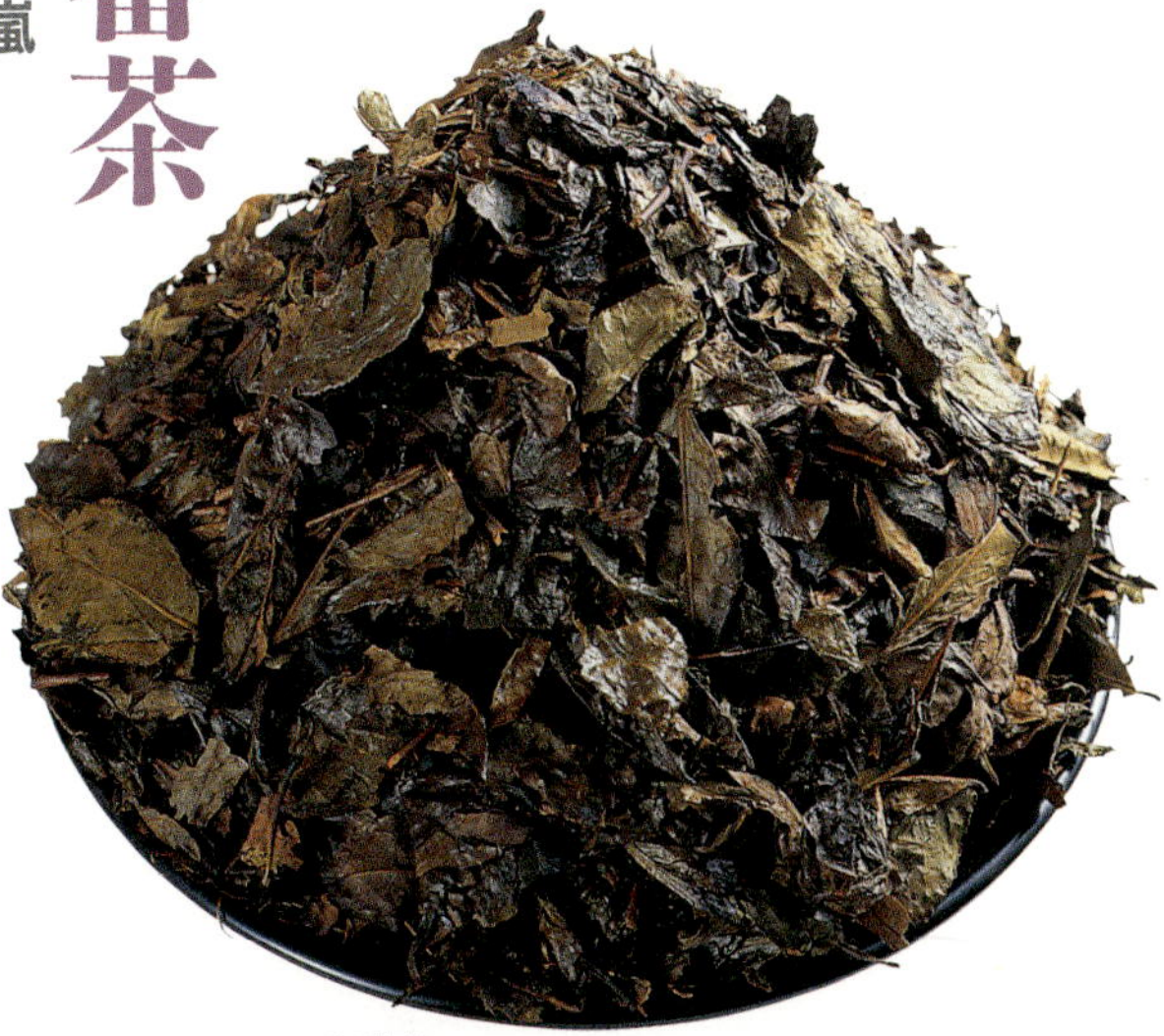

「利招園茶舗」のいり番茶

京都では、職人と店と客が対等である。三者は敬意で結ばれる。「利招園は二流でも、お茶は一流を保ちたい」という、こちらの言葉を知ったとき、これぞ京都の理想的な商いの形だと思った。丁寧に淹れて味わいたい。

いり番茶（400g）546円、（1kg）1365円。地方発送可。

宇治市莵道門前4-10（MAP◎）

☎0774-22-0877　FAX0774-22-6550　営9:00〜17:30（土日は〜12:30）　無休

象と向き合い、それに打ち勝つ強さを養わねばいけない。

こんな現代に生きているのだから、誰だって大なり小なり漠然とした不安の荷物を肩に食い込ませている。すでにパニック障害の種子が心に植えつけられている。だからこそ巷《ちまた》には、ポジティヴ思考とか「キッパリ」とか、その手の啓蒙本が溢れているのだ。

それにしたって書かれた内容を実践すれば、それがそのまま効果になって表れてくるものではない。また、読者だって、そこまで虫のいいことを期待しているわけではない。活字になった——つまり公になった——ものを目で追うことによって「みんな同じなのよね」と確認して、ささやかな安寧を得ているだけなのだ。つまり不安を中和解消するのではない。少しでもたくさん安心を集めて、そのよい香りで不安が放つ悪臭を誤魔化そうとしているわけである。

シューキョーに走るとか、セラピーにかかるとか人はいろいろに、この悪臭から逃れようと模索する。アメリカなどでは薬品やサプリの類もあると聞く。でも、それらの基本はみな同じ。所詮は他力本願。別に私は、そういう行為を無駄だとも欺瞞《ぎまん》だとも思わない。なにも責める気持ちはない。要は病気の芽が出なけりゃいいんだから。

ただ、私が不安を紛らわせる方法はかなり違う。ひとことで説明するのは難しいが、あえていうなら「あるべきものが、いつもある生活を作る」とでも表現できるだろうか。

たとえば米である。米がたっぷり家にあるという安堵感は私にとって計り知れない。

うちの米びつはブリキの一斗缶《いっとかん》。自転車の後ろにそれを括《くく》りつけて茶の行商をしていた母方の祖父の形見だ。十升で一斗だから満杯だと百合。重さにすれば十五キロの米がキープできる。

けっこうな量ではあるが、内容が半分を切ることはない。なぜなら私にとって米びつとは〝暮らしの錨《いかり》〟だからだ。軽くなると、どこかあらぬ方向に漂っていってしまうような気がする。

米びつの隣には、これまたでかい赤い缶々が置かれている。中味はお茶。京都人の大好きな番茶である。缶のうえにはお揃いの色をしたルクルゼの薬缶。真夏の二カ月ほどを麦茶に譲るほかは、常に番茶が淹《はい》った状態なのはいうまでもない。朝の起きがけの一杯も、夜に眠る前の一杯も、必ずこれだ。

京都人にとって番茶はあまりにも当たり前の存在だから、ずっとメーカーには拘《こだわ》ってこなかった。それが、このあいだ帰国したときに茶筒舗の「開化堂」さんに伺ったおり、奥様からいただいた「利招園」のいり番茶を飲んで以来、僅《わず》かばかり考え方が変わった。これこそが、番茶だ。子どものころから飲んでいた、そこにあるべき番茶の味だ。あってくれることで不安を拭ってくれる味だ。下らないことで落ち込んだとき、そんなの所詮はカップの中の嵐だと教えてくれるのだ。

いつも芳《こう》ばしい匂いがする健康的な糠床《ぬかどこ》。お客さん用の新しい「市原」の柳箸。コンロの脇に控えた伏見人形の布袋《ほてい》さん。そういうものが怠惰な安楽椅子ペシミストの安定剤である。神様や精神科医よりもありがたい。

京都の散歩には文法がある。ただのサンポを味わい尽くすための様式といってもいい。私は、その習得こそ、この奇妙な都市を愉しむための最大のコツだと考える。少なくとも、なんとか検定よりは意味があるだろう。

まず、自分が心地よく歩ける距離を頭の中で概算する。次に、見てみたいなア、訪ねておきたいなアと思っている神社なり仏閣なりを、往復する折り返しの《目標》として設定する。そこをから出発点を逆算して決定するのだ。目標設定をするのは、散歩にメリハリを与えるため。さもなくば、全体の印象が散漫になってしまう。

適正散歩量については、もしかしたら普段の経験を元に近所の地図を広げて具体的に試算するのも一興。ある種の体力測定だから、知っておけば京都の散歩に限らず先々役に立つカモしれない。ともあれ、たとえば、それが六キロだったとしたら、コンパスの針を《目標》に合わせ、三キロ分を半径にして円を描く。その線上のどこかに出発点がある。決まったら、そこまでは交通機関を利用して移動。そんなら《目標》まで直接行っちゃえばいいじゃんという人は、まるきり私の意図を理解していない。最初から読み直すように。

出発点の決め手は、そこから《目標》へ至るその道すがらに、どれだけ興味を引く《場所》が点在しているかにかかってくる。そういうものは観光地図には載っていないから、こればかりは勘を働かせるしかない。ただ、洛中はそういうものの宝庫だから心配には及ばない。名もないお地蔵さんとか、怪しいお稲荷さんとか、ヘンな児童公園とか、ひょこっと覗いてみれば、思いも寄らない〝曰く〟が隠れている。何気ない空間が、突如として日常から遊離しはじめる。

冷麺
ドラゴンサカイ

「中華のサカイ本店」の冷麺

年中、冷麺が楽しめる素晴らしき「サカイ」。それは、とてもナニゲない一鉢だが、そのナニゲなさにトンでもない手間隙と試行錯誤がかけられているところが京都の店らしい。そうそう。ギョウザも美味しいんだ。ここ。

冷麺（焼豚）680円、（ハム）630円。地方発送はFAXにて。

北区紫野上門前町92（MAPⒷ）　☎075-492-5004　FAX075-492-8581

㊔11:00〜22:00　月曜休（祝日の場合営業、火曜休）

www.reimen.jp/

心地よい《カフェ》。昼晩以外の中途半端な時間帯でも《食事》ができる店。家に持ち帰れる美味の《テイクアウト》。オリジナリティのある《ショップ》。――などの充実も大事。荷物は持ち歩きたくないから行きに覗いて帰りに立ち寄る。

むろん、以上の条件にあてはまった上で、交通量が少なく、寂しくない程度に人通りがあれば文句なし。あとはメインルートから外れた裏道のバリエーション、場所や店の数などによって（あくまで個人的な、ではあるが）格付けが決定する。

私は旅行者ではないので、出発点はすでにフィックスされている。もはや散歩が仕事のようになってしまったので、文法、様式を満たした手持ちコースもたくさんある。そのなかで個人的な愛着とは別に、パーフェクトな散歩道だと自負しているのが我が家――『首途八』『本隆寺』あたり――から『大徳寺』を《目標》にくねくね上がってゆくコース。ここでは京都を歩く快楽のすべてが約束されている。

京の露地奥に隠れた非日常のなかでも断トツの胡散臭さを誇る『櫟谷七野神社』を筆頭に、『雨宝院』『岩神祠』『玄武神社』『足止め地蔵』『妙蓮寺』『水火天満宮』『紫式部墓所』など奇妙な空間が目白押し。また、店やカフェも実に個性的な顔が揃う。けれど、いちいち挙げていたら本当にキリがない。この界隈に興味が湧いた人たちがいたら、自分の足で実際に歩き回っていただき、発見の喜びを味わってもらうのが一番だろう。奥の細道も隈なく探索してほしい。

近ごろは特別公開する塔頭《たっちゅう》も多い『大徳寺』。限定商品に弱い私は、つい誘い込まれて長居をしてしまうのだが、どんなときも欠かさず鑑賞させていただくのが『龍源院』である。趣き深い四つの禅庭は、それぞれに異なる波動で観る人間を振動させる。精神の隅々までが覚醒するような、それでいて同時に昏睡してゆくような感覚。なるほど枯山水とはメディテーションのための装置なのだと毎度毎度新鮮な驚きがある。

『龍源院』を辞したあとは、おかげさまでいつも足経マッサージ帰りみたいにスッキリした気分なのだが、ここで問題が一つ。『大徳寺』は折り返し点だというのに、家とは逆方向から呼ぶ声が聴こえてくるのだ。それは「サカイ」の甘酸っぱいテンプテーション。

おかしなことに普段私はこの店を忘れているのだ。ところが方丈の襖面で雲と遊ぶようにうねる飛龍図とまみえると、パブロフ反応で「サカイ」特製「冷麵」が脳内に3D化。滾々《こんこん》と唾が湧いてくる。旨味がまったり凝ったようなタレに固めの麵が絡む冷し中華は、とことん無駄を排した潔さ。ただのシンプルではない。意味のあるミニマルなのだ。〝日本の冷麵〟の京都的進化の果てとでもいえようか。構成主義絵画のごとく美しい。

もはや私にとって「サカイ」の冷麵は、『龍源院』第五の禅庭。眺めずに家に帰らりょか。結局、冷麵を食べ、もっと先まで足を延ばしてバスで帰ることになるのであった。完全無比の散歩コースが台無し。けれど、それだけの価値はある。また散歩の様式なんて、それくらいフレキシブルで構わない。

京都人にとってカツとは、どちらが好きかは別問題としてⅡビフカツである。もちろん「かつくら*」のような京都発の有名とんかつ店もあるし「やまなか*」のように美味しい店もみつかる。けれどカツといったとき京都人が思い浮かべるのは幻の銘店「むらせ」の名代、その牛肉を叩き伸ばし揚げた巨大な見掛けから『わらじ』と呼ばれたビフカツである。

京都では、もしそこが京都的、あるいは京都人の経営する店ならカツ丼も必ずや牛《ぎゅう》だ。それどころか家庭料理の定番、肉じゃがだって関西は牛肉なのだ。

西日本の肉屋では豚肉は肩身が狭い。京都では角切りの豚肉が売られ始めたのも七〇年代後半になってからである。関東では〝カレー用〟として売られており、後に私は驚いたが、京都では（おそらく関西圏はすべて）〝酢豚用〟と記されていた。肉の需要がないのではない。総じて食事の肉類占有率は東京よりも高い。

京都人は野菜のように肉を食う。西に進出した東京系スーパーが角切り豚肉の表記をカレー用から酢豚用に変えたところ売れたという話もある。みんな存外、店頭を見回しながら晩のおかずのメニューを決めるものだ。ただ関西では表記を見て「そや、カレーにしよ」と思っても、手は牛肉に伸びる。

肝心のカレーのほうは、もう私の世代には万国共通のインスタント固形ルーが出回っており特別な地域性があったとは思えない。家庭ごとにメタル・インドカレーであったりバーモント〝ヒデキカンゲキ〟カレーだったりとブランドが違うだけ。うちの髪結の賄いを一時預かって

植物性牛肉

あげカレー丼

『つるや』のあげカレー丼

変った丼がたくさんある店。これもまた京都らしさのひとつだ。京都人の市井のクリエイティヴィティの発露が滴っている。どういう発想で、それが生まれてきたかを考えるとき、あなたは紛れもなく京都を考察している。美味しいというより、むしろ楽しい。むろん、値段に比べれば美味しいのはいうまでもない。

あげカレー丼800円

下京区河原町通仏光寺下ル西側（MAPⒺ）

☎075-351-6685　㊔11:30〜20:30　木曜休

いたとき、本で読んだ『本格的ヨーロッパカレー』をブラウンソースとブイヨンとSBのカレー粉で作ったら悪評サクサク。インスタントのほうがいいとブーイングの嵐であった。

そういえば、うちには親の知人だった「ジャワ」さん（京の洋食の黎明期を語る上で欠かせぬ幻の銘店）謹製カレー缶詰がごろんごろん転がっていた。けれど私も、ずっと本格的なそちらより〝千葉真一と野際陽子のジャワカレー〟を好んだ。

なぜ私がジャワさんの缶詰を敬遠したかというと味はともかく、これは肉に問題があった。豚ではなかったが角切りだったのだ。カレーの肉は薄切り牛肉でなければならなかった。思えば、たった二十数年前まで日本人は本当に狭い味覚しか持っていなかった。大人も子供も。

いろいろ話を聴いていると、戦勝国であるイギリスやフランスですら似たようなもので、戦後、人々はひたすら工夫のない料理を食べていたという。バリエーションはあっても発展性がなかった。京都にカレー用角切り豚肉が登場し、英国人が伝統料理からインド系移民の作る本場のカレーに乗り換え、フランスにカレー粉を含めエキゾティックな素材を積極的に取り入れるという発想を有したヌーベル・キュイジーヌが同時に起った七〇年代半ばというのは世界的に〝食〟の転換期だったといえよう。

京都は紛うことなき牛肉文化都市だ。近年、大阪、和歌山を抜いて僅差ではあるが消費量全国一になった。これは二〇〇〇年の都道府県毎の資料だが、もし出身地で調査すれば洛中出身の京都人は断トツだろう。九一年の輸入自由化以降、大腸菌O－157、狂牛病禍と国内の生産業者は災難続きだが、京都人はへいちゃらで牛肉を食べている。変？

そういえば自由化とファストフードの増加に伴って全国的に消費量が底上げされたにもかかわらず京都ではそれらに連動した動きもない。どうも一般的な情報だのニュースには惑わされない傾向があるらしい。食いたきゃ止められても食うし、食いたくなきゃ「おいしそうやねえ」と微笑みつつ頑と拒む。

日本一の牛食い人種は、また日本一の油揚げ食い人種でもある。文化というなら牛肉文化というより、おあげさん文化の都市といった方がずっとしっくりくる。肉を使う料理はすべて油揚げバージョンが存在する。ケチだから代用品で安くあげているのだ——と断定するのは早計。鯨と水菜の鍋『はりはり』は捕鯨規制が始まるより前から鯨肉ではなく、おあげさんを使っていた。動物愛護の精神からでないのは、たとえば錦市場などを歩くと今でもおのみや鯨ベーコンが売られていることからも明らかだ。

『あげカレー丼』が人気の「つるや」だって珍品を作ろうとして、これを編み出した訳ではない。あくまで食材への愛情から誕生したのである。そもそも〝食べたいもの〟に惑いや迷いがないから、こういうコペルニクスな変換はお茶の子である。実際、旨味が濃く歯応えのしっかりした京あげは肉として扱ってもなんら支障がない。さすがにパン粉をつけて揚げはしないし、〝カレー用〟表示も見たことないけどね。

＊かつくら本店……中京区三条通寺町東入ル　＊やまなか……中京区河原町通夷川角

「大体お酒のみには二種類ありますね。酔いたい人と飲みたい人とです」

内田百閒先生のお言葉である。

岡山の酒蔵に生まれた先生自身も相当にお好きだったようだが、いったいどちらのタイプだったのだろう。鈴木清順の映画『ツィゴイネルワイゼン』の原作である『サラサーテの盤』などの作品に横溢する、酩酊したような幻想味から想像すれば「酔いたい派」みたいでもある。が、数々の随筆に描かれた健啖《けんたん》ぶりは、酒にしても味覚を慈しむ「飲みたい派」ならではという気もする。

先生の食いしん坊ぶりは実に愛らしいというか、食いしん坊ならかくありたいと思わせる。日記の中で大好物の岡山銘菓にふれ、「今日も大手饅頭の夢を見た。生きているうちに、後何十回大手饅頭の夢を見るんだろう」と書かれているのを読むに至って、ああ、一生先生についてゆこうと思ったものだ。そういえば私も、昨夜、京都「マリー・フランス」のあんぱんの夢を見た。

しかし、餡子への追慕のあまり寝返りを打つところまでは同じでも、私はさっぱり酒が飲めない。濃厚なフランス料理や、ウォッシュタイプの臭いチーズを食べるときは猛烈に赤ワインが欲しくなる。また、日本一の日本酒ライターである友人の藤田千恵子嬢から見事な吟醸を貰い酒したときなどは、その美味さに随喜の涙を流しもする。だから分類するなら「飲みたい派」なのだが、飲むと最後、ひたすら肉体的苦痛に苛《さいな》まれるのだ。何より呼吸困難に陥るのがキツい。よほど体調のよいときに、お湿り程度というのが私の適量である。

奈良漬

下戸の酔夢

「田中長《たなかちょう》奈良漬店」の都錦味淋漬

亡くなった祖母が、病床で最後まで気にしていたのは水屋に置いたままの「田中長」の奈良漬であった。二年の歳月をかけて熟成される、それはここだけの円やかな旨味。桂瓜はもちろん、西瓜やごぼうなども美味しい。

うり（小）180g 840円、すいか180g 840円など。

下京区綾小路通烏丸西入童侍者町160（MAPⒺ）

☎075-351-3468　㊑8:30〜18:00　無休

そんなわけで、私は〝酔う〟という経験をほとんどしたことがない。酔うほど飲めないんだもん。けれど極々たまに、絶好調と美食と美酒が揃って、苦しいながらも酔っ払いが完成することもある。

基本的には身振り手振りが大きくなって、どんどん肉体のコントロールが難しくなる。よく物も壊す。しかし、頭だけはクリア。ゆえに泣き上戸とか絡み酒とかいったキャラクターの豹変は起こらない。もし私が酔って違う人格になったところを目撃したことがあるとしたら、それは酒が回った演技をしているのである。なにをしているか喋っているか、ちゃんと理解しているし、記憶も飛ばない。「心は嫌でも体がいうことを聞かないって」って感じ。両手で数え切れる虎体験だが、全部、覚えてる。はっきりいって、それが一番の拷問よ。

しかし、世の中には私なんかよりよほど酒が体質に合わない人々がいる。本当にアルコール分解酵素を持ち合わせていないと、それこそ酒粕や奈良漬にすらノックアウトされてしまうらしい。飲めないくらい、なんってことないと思うけれど、これは気の毒でしかたがない。同情に値する。

酒粕の、粕汁のない冬の食卓なんて、私には考えられない。大根、人参、お揚げさん、蒟蒻、干し椎茸、牛蒡《ごんぼ》、牛肉、みんな千切りにして、どっさり、そりゃあもうどっさり作る。出汁はお雑魚で、味つけは塩のみ。入江式はかなりサラリと薄い。水気の多い煮物といった風情。器は当然、丼。表面が隠れるくらい青葱を散らし、「長文屋」（P89参照）の七味を振る。

粕汁に、焼いた塩鮭か鰤《ぶり》の西京漬、水菜のお浸しか菊菜の胡麻和え、あとはごはんと黄色いお香こ。贅沢するなら千枚漬。すぐきもエエなー。もう、完璧な底冷え日のメニューである。書いてるだけでも辛抱堪らん。なにしろ粕汁は寸胴いっぱいあるから、三日ほど啜ることになるけれど、私はへいちゃら。なんてったって完璧なんだから。

奈良漬というのも、忘れられがちだけれど京都人にとっては欠かせないアイテム。とくに、お茶漬けの席では、これがあるのとないのとでずいぶん違う。他の漬け物では替えが利かないからこそ満足感に差が出る。老舗「田中長」を知ってからというもの、ますますその思いが強い。

口惜しや、奈良漬は一般的日本人にとって、さほど重要な食材ではないらしく、英国では入手不可能。片っ端から渡英してくる人たちにリクエストしている。のだが、みんな存外発見するまでに苦労するらしい。デパ地下をかなり彷徨い歩いたという話も聞いた。そ、そんなに京都以外ではマイナーな存在なのか？　なんか納得いかない。

百閒先生は朝から様々な献立をずらりと並べるのがお好きだったようだ。そこは年がら年中お茶漬けでオッケーの私とは似ていない。でも、いっぺん「田中長」でさらさらしていただきたかったなあ……と、私は空想する。その奈良漬でかっこむお茶漬けの美味しさに、それこそ酔っ払いながら、そんな益体もない〝もしも〟について思索を巡らせる。実現していたとしたら、ひょっとして時々は夢に見てくださったのではないだろうか。

イギリスの伝統的なスイーツに「トライフル」というのがある。英国人たちは大人も子どももみんなこれが大好き。食事の後のデザートにこいつが登場すると「わーっ」と歓声が上がる。それだけで、たとえ貧相なディナーだったとしても、いっきに全体がグレードアップするような気がする。終わりよければ、全てよしってことか。

といっても「トライフル」は特別に作るのが難しいわけではない。手が込んでいるわけでもない。構造は極めてシンプルだ。

まず、ベースにスポンジ。焼く人は稀。マディラケーキなどを買ってくる。型抜きして器の下に敷くこともあるし、賽《さい》の目に切る場合もある。お手軽なのはフィンガービスケットで代用するパターン。いずれにせよ、ここにたっぷりの甘口シェリー酒を染ます。子どもが食べる場合はアルコールを飛ばすが、でなければ酔っ払いそうなくらい振り掛ける。

次に果物。一番ベーシックなのはラズベリー。フレッシュでもいいが、コンポートや甘さ控えめのジャムを使う人もいる。スプーンでスポンジとざっくり混ぜ合わせる。市販のチープなものは缶詰フルーツのことが多い。で、真っ赤なゼリーを流してある。昔からあるインスタントの粉を溶いただけのものだ。あらかじめ冷やし固めておいたゼリーを崩し入れる人もいる。時間を省きたいときは、この方法が便利だろう。

これに重なるのがカスタード。ホームメイドする家では圧倒的に『Birds』というメーカーの即席パウダー。牛乳と合わせて泡だて器を振るいながら火にかけるだけ。凝固が始まったらバニラエッセンスを落とす。もともと卵フリーだから、コクを出すためにここで卵黄を掻き込

私のマリア様

ハンバーグ焼きそば

「マリヤ」のハンバーグ焼きそば

千本が京を代表する繁華街だった時代、ここは千本を代表する人気店。映画と「マリヤ」の組み合わせは娯楽の王道であった。現在、表通りから映画館は消えたが、店もハンバーグ焼きそばも健在。嬉しいことだ。

ハンバーグ焼きそば530円。

上京区千本通中立売下ル亀屋町58（MAP©） ☎075-464-0465

㊟6:30〜11:00（モーニングのみ）、11:00〜21:00　無休

んだりもする。むろん本格的に作ってもなんの問題もない。そして、最後の仕上げが八分点ての生クリーム。透明の器なら、赤、黄、白のレイヤードが美しくも胸を騒がせる。

以上はあくまで基本。料理人のお好み次第でアレンジは自由自在である。フルーツやゼリーを省いたっていい。ローストしたスライスアーモンドでクリームを蔽えば、ぐっと大人のスイーツになる。おっきなボウルで供して取り分けるのも楽しければ、お洒落にクープで出して〝デセール〟を気取るもよし。ルールのないのが「トライフル」のルール。肝心なのは、美味しいもの、嬉しいもの、ラブリーなものを、とりあえず全部重ねてしまうというコンセプトなのだ。

私は苺であれチョコであれ抹茶であれパフェなるスイーツの形態そのものを大変に愛している。日本のパフェ文化は素晴らしいと思う。が、ときおりこのパフェちゃんにコーンフレークを混入する馬鹿ちんな店がある。許せん！　叩き切ってやる！　と心の中で桃太郎侍が目を覚ます。朝食のシリアルとしてならなんの文句もないけれど、でも、でも……コンフレは可愛くない！　よしんば他の素材とマッチするとしても、増量目的でせっかくの幸福感を犠牲にしてはイケナイ。

本書「グレープフルーツゼリー」の項で「マリヤ」の「ハンバーグ焼きそば」の想い出話を書いた。いまだに私がこの単純な食べ物に一入《ひとしお》の愛情を感じる理由は、「トライフル」やパフェに共通するラブリー&可愛いチャームがあるからだろう。「そんなに急がんかて、逃げへんえ」と笑われながら、喉を詰まらせかっこんだ幸せが忘れられないのだ。

私は西陣の子供だから「マリヤ」だけれど、きっと生まれ育った区域ごとに人それぞれの「ハンバーグ焼きそば」的な薔薇色の記憶があるだろう。それは特別なときにだけご馳走してもらえた近所のカフェのちょっと変ったパフェかもしれないし、外食を覚えたてのころに通った甘味屋の特製メニューかもしれない。あるいは、ハンバーグではなくコロッケだったり、ヤキソバの代わりにナポリタンだったりする「マリア」もどき――その店を贔屓《ひいき》にしていた人にとっては「マリア」の方がもどきなのだが――かもしれない。

ラッキーなことに、本当にラッキーなことに私の「マリア」は移り変りの激しい現代の風潮に負けず生き残ってくれている。ウィンドウのサンプルを見る限りでは、コーンフレークスで上げ底されてもいないようだ。あらためて私がここで「ハンバーグ焼きそば」を紹介するのは、自分にとっての幸福な味覚を失った人たちに、それを偲んでもらいたいからだ。食べれば、きっと甦るはず。かつて憧れた、あの美味、風味、佳味、好味が。

イギリス人が、どんなに舌が肥えてしまっても、「トライフル」を出されると聖母様《マリア》の前に跪《ひざまず》くがごとく絶対的服従してしまうのは、同じような心理のなせる業である。それは慣れ親しんだ子どものころの味とは違うかもしれない。いや、確実に違う。けれど、どんなに姿形が変わっても、「トライフル」のチャームを踏襲してさえいれば、その愉悦は伝わるものなのだ。

他愛なくても、お土産ってのは嬉しいものだ。けれど、私がここでいうお土産とは、年休を取って観光に行ったOLが買ってくる、外見は違えど味は皆同じの、事務机の引出しの中で固くなってゆく運命を背負った名物饅頭の類いではない。あれは習慣・慣例の仲間であって、お土産とはいい難い。寿がれるお土産とは、まず渡す人間の顔を思い浮かべたうえで入手されているモノ。あるいは〝記念すべき価値のある〟なにかの記念品であること。その、どちらかだろう。

前者で嬉しかったものは、それこそ数え切れなくある。たとえばエッセイストの平松洋子さんからいただいた「モンゴルの軽石」。

見慣れた白っぽいものとは違って、濃い茶褐色のそれは、ちょうど掌にのるくらいの大きさ。ぽってりとマカロンのように丸い。アヒルちゃんと一緒に湯船に浮かべ、ときおり足の裏など擦《こす》ってみる。その度に、モンゴルの草原から日本、そしてロンドンへと旅をしたこの石の数奇な運命がとても愛しく思える。ひょっとして旅行好きなのかもしれない……と、昨年、ブダペストの温泉に出かけたときは、この石もお供することとなった。

後者だと、前回帰国したおり「魚津屋」さんからいただいたお箸はありがたかったなあ。毎日愛用しているから、どうしても一番に思い浮かんでしまう。食事のあと、「使ったはったもんですけど、どうぞ」と包んでくださった。こちらのお店が「市原」に特別注文している、そりゃあもう具合のいい竹箸だ。おまけに、連れていってくださった「一澤帆布」のご主人から「うちは、もう、たくさんあるさかい」と譲ってもらい「えー、よろしんですかあ?」などと

引き算の美味

じゃこごはん

「魚津屋」のじゃこごはん

ご主人の小森氏（と奥様）の、いかにも京都的なセンスが冴え渡る割烹。その強烈な個性をどう感じるかで、京とあなたの相性が判る。私は……京都人として最後のじゃこごはんの一杯で好きにならざるを得ないでしょ。

中京区御前高辻下ル西側（MAPⒿ）

㈬17:00〜22:00　日祝休

京風に遠慮しながら、声もなく小躍りしそうな入江であった。もしかしたら無意識に踊っていたかもしんない。

「魚津屋」さんは素晴らしい。こんなに理知的な料理は、まず、なかなかお目にかかれない。文章を読んだうえでの印象でしかないのだけれど、味蕾《みらい》や皮膚で思考し、頭脳で霊感を降ろしていたような白洲正子の贔屓店だったと聞いて深く頷いた。

天才的なシェフや神技を操る板前、求道的な研鑽《けんさん》の美食クリエーターならば何人も知っている。が、ここのご主人である小森氏が作るのは閃《ひらめ》きに頼らない怜悧な味覚。素材に頼らず、素材を活かす――素材を甘やかさない――アプローチが緻密でシャープだ。普通、料理に厚みを持たせようとしたら、いろいろと素材を足して複雑味を与えるものだけど、氏は逆にぎりぎりまで引いてゆく。それでいて定番的な組み合わせに踏みとどまらず、しかし珍奇に走らず、新しい地平をめざしている。

その夜の献立では、とくに聖護院蕪と甘鯛《グジ》を潮風に仕立てた椀物が、清楚にして艶やかであった。鉋《かんな》がけしたがごとく薄く切られた蕪が、舞姫のチュールめいて赤い漆の宙に広がる。その美しさに相応しい豊味に私は幾度も吐息を漏らした。スペインの『エル・ブジ』、英国の『ファット・ダック』、もしくは『アルケストラート』時代のアラン・サンドランスといった料理界の《知の巨人》に比して語れるのは、いまのところ日本では「魚津屋」だけだろう。

そうそう。こちらでは、もうひとつお土産を貰ったのだった。「おじゃこの甘辛うたいたん」。相当な品数を残さず平らげ、ごはんの段になって、お腹いっぱいです、軽うで結構ですと言った舌の根が乾かぬうちにお代りを訊《たず》ねた入江を不憫《ふびん》に思ってのことかもしれない。だが、とにかくうまかったのだ。しっとりパラリと炊かれたちりめんじゃこは、薄味なのにこっくり味が染《しゅ》んでいる。これをテンコ盛りに載せたごはんは、欠食児童と呼ばれていた子供時代に、私を易々《やすやす》と引き戻した。

京都人は、ちりめんじゃこが大好き。昔ながらの乾物屋や魚屋を覗けば、平気で三、四種類は並んでいる。基本の食べ方はは大根おろしに天盛りするか、ごはんにまぶすか。いかにも京都っぽい「山椒ちりめん」は、むろん好物ではあるのだが、贅沢品だから自分たちでは購入せず贈答を待つことが多い。

「魚津屋」さんのおじゃこには実山椒は入っていない。ならではの〝引き算の美学〟が、ここにも滲んでいる。ちりめんじゃこなる素材が秘めていた甘味が、おだしの甘さと結びついて、くっきりと輪郭を現わす。それが、さらにごはんの甘さと混ざり合い、また独特のみっちりした旨さへと変化する。

ちりめんじゃこは本来、どうあっても料理の主役は張れぬ存在だと思っていた。いくら贅沢でも「山椒ちりめん」はフリカケに過ぎない。ところが、ここの「じゃこごはん」では堂々たるタイトルロール。どんな素材も演出次第でメインになり得る味覚を発揮するのだと気づかせてくれた、それは記念すべき食であった。ささやかなお土産が、ときにどんな豪華なギフトにも勝る喜びをもたらしてくれるように。

体にいいこと、何かやってる？　ジムに通うとか、ジョギングとか。私ゃ自慢じゃないが、なんもやってない。歩くくらい。まあ、私の場合、散歩といっても、しばしば半端でない距離になるのだが。と、いっても汗ばむくらいの速度で歩かないと散歩はエクソサイズにはならないらしいケド。

そんなわけで不健康極まりない生活を太平楽に送っている私だが、おかげさまでストレスは少ない。というか、「ストレスを溜めない」ように気をつけることだけが、唯一積極的に行っている体にいいことなのだ。ストレスってやつは常に意識をしていないと、知らないあいだに蓄積されてゆく。そして限界量を越えたところで急激に症状となって表れる。単純な肉体疲労より、ずっとタチが悪い。だが、逆に原因さえわかっていれば比較的対処はしやすい。ストレスでやられちゃう人は、物理的に障害が出ていないからってホッタラカシにしとくから問題が大きくなってしまうんだよね。

ストレス攻略が難しいのは、それが連鎖拡大する複合汚染だということに尽きる。その原因を解消しようと実行する行為が、別のストレスを生み、そいつをなんとかしようと試みる打開策がまた次のストレスを呼び込む……そんな悪循環が肉体を、精神を蝕《むしば》んでゆく。ダイエットなんかがいい例だ。急激で過激な食餌療法をすると、一度は痩せてもすぐに揺り戻し《リバウンド》がやってくる。その結果、過食と拒食を繰り返し肉体がボッロボロになってしまう。よくある悲劇だ。

この悲劇を避けるためには、ダイエットをする動機や必要性を明確にすること。闇雲に「痩せる」という目的に向かって突っ走るから、躓《つまず》き、転んで怪我をする。

蕎麦

エンドルフィンつるつる

「隆兵そば」の蕎麦セット

「言いきらない文化、表現しきらない美しさ」を蕎麦に表現しようとする若いご主人。その姿勢がそのまま味に生きている。それを言いきり、表現しきるのが私の役目だが、言葉を追うのが虚しくなる深い美味である。

蕎麦セット3500円。

西京区桂浅原町157（MAPⓂ）

☎075-393-7130　㊟11:30〜、13:30〜、18:00〜19:30（入店）

※夜は前日までに要予約　水曜・毎月18日休

www16.ocn.ne.jp/~ryuhei/

デブだと《モテない》からなのか。
デブは《不健康》だと思うからなのか。
デブを嗤《わら》った奴に《復讐》するためなのか。
デブには《不可能》なことをしたいからなのか。
デブな自分を《醜い》と感じるからなのか。

はっきりいって、最後の生理的な動機以外は「痩せる」ことだけがストレス解消に至る解答だとは到底考えられない。《モテない》と嘆く人は世の中にはデブ専がウヨウヨしていることを忘れている。《不健康》を真剣に悩んでいるならダイエット以前に医者と相談すべき。《復讐》はわからなくもないが、別のステージで相手を嗤ってやる術を模索するのも大切。《不可能》については八割方が、したいことに挑戦しない自分への言い訳だろう。なんにせよ体重を減らせば、なんとかなるなんて考えは甘い。虎屋の羊羹《ようかん》より甘い。

私は充分にデブではある。が、太っている自分に対するストレスはない。鏡に映った己《おの》が姿を見て「みっともねー」と思ったり、着たい服がキツくなってきたら、ちょっと節制して体重を落としたりはする。けれど、痩身願望に伴う「食べたいものが食べられない」「したくもない運動をしなきゃいけない」なんてストレスに翻弄されるのは真っ平。

あのね、デブが何を言っても説得力などないかもしれないが、「ダイエットしたいなら、むしろ食べなさい」と私は考える。京都の銘店、名料理人の手によって創造される味覚に陶然とするたびに、その思いを強くするのだが、このあいだ桂の「隆兵そば」で、それはもう、言葉を失うくらい美味い蕎麦コースをいただいたあと、それは確信に変わった。

　とろりとした珠玉の柚子湯と一献の酒に始まり、カプチーノ仕立ての胡麻豆腐（入江命名）、季節をあしらった飯物椀などを挟みながら、蕎麦という素材の本質を活かしきった一皿一皿を味わってゆくと、あたかも清澄な〝美〟が血管を通って深く深く体内に染みてゆくような気がする。「体を内側からキレイにしてゆく」という決まり文句があるけれど、それは、こういうことをこそ指していうんだなと納得する。

　蕎麦はもちろん健康にいい食品だ。ほかの麺類に比べればカロリーも低い。が、「隆兵そば」が与えてくれる〝美〟の活力は、そういったサプリな効能とは性質が異なる。人は感情を揺さぶられると、心臓や血管に影響があらわれるというが、まさにそんな感じ。エアロビクスや長距離走などの有酸素運動をしたときのように血流が上がってゆく。おそらく、それらのエクソサイズ同様に、モルヒネ様快楽物質エンドルフィンなんかも脳髄からピューピュー——いや、蕎麦だけにつるつるか？——分泌されているだろう。まさに、美食でダイエット。

　いかなるスポーツであれ、訓練であれ、体によかれとやっているってだけじゃ結局ストレスにしかなりはしない。ましてダイエット目的なら、なおさら。要は愉しむことである。やっていてエンドルフィンを感じなければ結果は生まれない。プロではないのだから。彼ら《プロ》は肉体の精度が上がれば、それだけ勝利という達成感に近づけるからやっているだけ。勝負相手が自分である限りは、あくまで快楽原則に基づくのが前提だろう。健康な仏頂面より円い笑顔が美しい。

「イギリスに住んでいる」というと、いまだに「じゃあ、食べるものには苦労するでしょ?」と返ってくることが多い。私の場合は、ほとんど外食をしないから、こっちにいても日本でも大して差はない。和食のメニューが若干限定されるのは否めないが、京都人が普段食べているものを再現しようと思ったら、そこが食の都パリであろうと、いや日本にいても洛外に出ちゃったら難しい。かろうじて東京ならなんとかなるだろうけれど、お金とヒマに明かしておばんざいを作っても、そんなの魂の入ってない仏さんである。むしろ東京にいたら東京らしい、パリならパリのお惣菜を拵えるのが〝おばんざい魂〟ってもんでしょう。よう知らんけど。と、そんな感じでバリバリに魂の籠った英国のおばんざいを困ることなく毎日食べている。

イギリスは美味しくない——系の話になると、しょっちゅう登場するのが「鰻のゼリー寄せ」だ。これは、かなり日本人にとってはショッキングな食べ物であるらしい。常食している蒲焼が、あまりにも美味しく、鰻という魚の料理法として完成度も高いので、それ以外を味蕾が受け付けないせいもあるだろう。そんな、イメージだけで貶《おとし》めるようなまねをしたらイギリス鰻に失礼じゃないか、てなことを思わなくもないが、確かに、この英国伝統料理に進んで箸を伸ばそうという気には残念ながらなりづらい。

「鰻のゼリー寄せ」と訳されてはいるけれど、正確にはJellied Eelは「鰻の煮凝《にこご》り」である。ドロ臭さを抜くために延々と茹でこぼし、そのままほっといたらゼラチン質で固まってゼリー寄せっぽくなってしまっただけだったりする。そして、伝統といってもローストビーフなんか

うな重

蒲焼まで、あと五分

「西陣 江戸川」のうな重

天麩羅と鰻は江戸前に限る——というのが私の持論。それを証明したくて私は、とりわけ関西人を「江戸川」へと連れてゆく。だいたい一口で証明は完了する。創業約百年。口の肥えた西陣旦那衆の御用達だ。

鰻重（並）1365円、（中）1785円、（上、きも吸付）2415円、（特上、きも吸付）2940円。

上京区笹屋町通千本西入（MAP©）

☎075-461-4021　㈼11:30〜20:30　金曜休

の仲間ではなく、下町の、おもに労働者階級が食べていたおやつだ。市内東部《イーストエンド》に張り巡らされた運河に棲む鰻をロハの蛋白源として掴まえては食べていた、まだ彼らが貧しかった時代の名残なのだ。

正調の食べ方というのが、また、すごい。まずはテーブル上の盥《たらい》――皿やボウルではなく――に山盛りのイール。手摑みで口に放りこみ、クッチャクチャと咀嚼《そしゃく》し、エキスを全部吸ってしまったら傍らのバケツにペッ！　ゼリーに濡れた指をペロペロ。この光景を語ってくれた、ある私の友人は、由緒正しい下町っ子ながら「あんなもん、ぜってー喰わねえ」と宣言して憚《はばか》らない。

それに比べたら、我々日本人は鰻についていかばかりか幸せな記憶を持っていることだろう。鰻屋から漂いくる狂おしいほどの薫香。炭火の上で炙られ、黒光りするタレが塗り重ねられるたび、落ちた雫がジュッと音を立てて煙を跳ねあげる眺め。丼の蓋を取ると姿を現す、てらてらと肉感的な蒲焼の媚態。箸で切るときの弾力と、嚙んだときのふうわりした嫋《たお》やかさ。みるみる溢れだす強靭な旨味。……うーん。やはり、どう考えてもクチャクチャペッに勝ち目はない。

しかし自分自身の個人的な鰻の想い出は、前述したような直接五感に訴えてくる興奮とは、ちょっと異なる。というのも、私にとって鰻とは、そのまま「江戸川」の出前だったからである。

出前鰻の快楽は、むろん店で食べるときに決して決して劣るわけではない。けれど、なんというか一呼吸置いた、落ち着いた佇まいになる。そして、それこそが私にとっての鰻である。塗りのお重を開けるときは何に限らずそうだが、やはり自然に手が丁寧に扱おうとするものだ。儀式めいた愉悦がひたひたと打ち寄せる。ごはんにタレを滲ませて、おっとりと鎮座した蒲焼は、焼きたてのそれとは違い、ごはんの湯気をまとって檜皮《ひわだ》色の肌を潤ませ濡れている。箸を入れれば、さっくりと従順に柔らかく、口に運べば軽やかに崩れ、煮詰った甘さが解けて、溶けて、ゆるゆる。ゆるゆる。

「江戸川」は、いわゆる鰻屋らしい雰囲気の店ではない。京都らしい仕出し屋さんの体裁に近い。オープン形式の小さなお座敷を整えてくださっているので、ここで食べることも可能だ。友だちを連れて、二、三度伺ったことがある。彼らは注文したお重が目の前に来てもすぐには手をつけようとしない私を見て、みな不思議そうな顔をする。だって仕方がないではないか。それは、まだ私の鰻ではないのだ。あと、五分くらいは待ちたい。存分に蒸らされて、それがいつもの蒲焼に変わるまで、じっと我慢の大五郎。

そういえば近ごろ、活け鰻を手に入れるルートを英国で発見した。下町の運河産ではなく、やはり鰻料理の伝統があるスペインから輸入されてくる天然ものだ。むろん「江戸川」のようにはできっこないけれど、自分で捌《さば》き、煮切りを作って、串を打ちオーブンで焼いて、それなりに楽しんでいる。少なくとも「鰻のゼリー寄せ」よりは美味い。堺重に盛って食卓へ。すぐ蓋を取ろうとする相方の手をピシャリ。まだ、鰻になってないよ。

「ここいつは久々に真剣勝負だ」。私は箸を持つ手に汗握った。

ここは焼肉店「アジェ」。薄く立ち込める白煙。砂塵舞う西部の荒野に立っている気分になる。いつものように満員の店内。風が梢を渡るようなざわめき。肉が炙られ、焦げる、蠱惑的な匂いが充ちて、くらくらと食欲が湧き上がる。熱くなってゆくコンロを前に、ごくりと生唾を飲み込んだ。頃はヨシ！――と、マキ嬢が一片のホソ塩を金網に載せる。真珠色をしたそれは恥らうように艶《なまめ》かしく身をくねらせた。ぱあっと脂の爆《は》ぜる甘い香りが鼻孔を捕らえる。こらえきれず俯《うつむ》けば、鏡のように澄んだ小皿の中のタレに、一筋の汗を浮かべた餓鬼の貌が映る……。

「アジェ」のホソを、ホルモンに分類するのは間違っている。もちろんそれが、ヒモ、ホゾなどと同類の、牛の小腸であるのは確かだが、もともと「放るモン」すなわち関西弁で「捨てるモノ」に由来すると言われる素材の持つ雑駁な美味さとは一線を画しているからだ。私の個人的な意見だが、ホソも、牛の小腸であるソッチャン（コプチャン）も、煮込んでこそ素材のよさが生きる部位。けれど、ここのホソ塩は、直火焼きだからこそ縷々《るる》溢るる甘露の脂を秘めている。焼肉になるためカミサマが牛にお与えになったパートだとしか思えない。

もっとも、その宵をスーパー・デリシャスな真剣勝負に導いたのは、肉焼き職人役をしてくれた高橋マキ嬢である。「料理人は努力家でありさえすればいいが、肉焼き職人には天賦の才を必要とする」と言ったのは美食家《グルメ》の本尊ブリア・サヴァランだが、まさにそのお言葉を地でゆく鮮やかな焼肉捌きであった。本書のコーディネーターをお願いしたのは、「アジェ」での

ホソ塩

戦いすんで胃が膨れて

「アジェ」のホソ塩

網に載せると、たちまち脂が溶けだし、ぼわっと炎に包まれる。ワーグナーの音楽が似合いそうな神聖な風景である。この美味い脂を少しでも無駄にせぬよう、裏返すチャンスは一度きり。頃合いを見る熟練の目が必要だ。

ホソ（塩・タレ）630円。

下京区河原町松原上ル清水町454-34美松会館1F（MAPⒺ）
☎075-352-5757　㊖18:00〜23:00L.O.（日 祝 は17:00〜22:00L.O.）
木曜休（祝前日と祝の場合は営業）
www.aje.to/

采配ぶりがあまりに見事だったから、というのは半分冗談。しかし彼女が書いた文章を読めばわかるように、繊細な気配り目配りが必要な、これは仕事なのだ。粗忽《そこつ》な人間の焼く肉は粗忽な味がする。つまり私には向かない役である。

ホソの脂は胃にもたれないせいもあるが、あれやこれやと五人前は平らげたうえ、クッパで丼メシまで完食。久しぶりに大食漢ぶりを示した私だが、かつてはそんなもんじゃなかった。小林〝プリンス〟尊のような天才ではなかったが、しょっちゅう馬鹿な真剣勝負を挑んでいた。いまでもときおり思い出し、甘酸っぱい胃液が込み上げてくるのが澤口シェフと繰り広げた壮絶な死闘の数々である。

現在では日本を代表するイタリア料理人の澤口知之氏。彼が最初に料理長を務めた大阪のレストラン時代から数えれば、もう二十年近いお付き合いがある。豪快な性格と繊細な感受性を矛盾なく併せ持った稀有な人物で、その魅力的な二面性が遺憾なく発揮されたとき、とことんリラックスした情緒性と張り詰めた美意識がせめぎあうような快楽が店にも皿のうえにも展開する。

対象は異なれど愛情本位制で生きているところが似ているといえば似ているけれど、はっきりいって水と油ほども違う私たちが、妙に気が合ったのは不思議な話。たぶん料理人としての本能が彼の好意の大元だろう。それは「たくさん、美味しそうに食べてくれる人が好き!」という単純にして揺るぎない心理。確かに知り合った当時の私は、施餓鬼供養されたら昇天してしまうんじゃないかと自分でも思うほどであった。

だいたいイタリア料理というのは皿数が多いものだが、彼の店に行くと、パスタやリゾットだけで三、四品は平気で出た。しかも、フル・ポーション。前菜の後のそれらを「最初の皿《プリモピアット》」というが、いったい、いつまで最初が続くのか気が遠くなったものだ。「第二の皿」も肉と魚か鳥の二種類が当たり前。鳥なら丸ごと一羽が基本。嬉しい拷問、いや、それは愛情あるイケズというべき美食の責め苦であった。

だが、真剣勝負に負けるわけにはいかない。私は、ことごとくそれらを食べ切った。皿に残ったソースをパンできれいに拭いさって下げてもらい、彼の悔しがる顔を思い浮かべて悦にいっていた。変態？　デザートが終わって、ご機嫌伺いに出てきた彼に「いつものことだけど最後が物足りないんですよね。ティラミスのお替りとかいただけるかしら？」などと微笑む瞬間の愉悦！　うん。完璧変態。

しかし、真剣勝負というのは、そう易々と勝利できるものではない。ある夜、いつものごとく悠々とデザートを片付け、エスプレッソを啜りながら閉店後の雑談をするために待っていると、目の前に「すっごくうまくできたんで食べてくださいよ」とイカ墨のリゾットが置かれたときは、さすがに泣きそうになった。いや、いただきましたよ。はい。

戦いすんで日が暮れて。「アジェ」を辞し、近くのお洒落なカフェ「エフィッシュ」*でデザート代りのケーキを頬張りながら、澤口さんの顔が浮かんで、思い出し笑いが止まらない私であった。

＊エフィッシュ……下京区木屋町五条下ル西橋詰町798―1

食べ物の相性というのは不思議なものだ。どう考えても合いそうにない強い個性がぶつかって、まったく新しいハーモニーが生まれたりする。いわゆる「であいもん」というやつだ。

漢字では「出合いもん」と書くようだが、その面白さは人間同士のカップリングに近いような気がするので、自分的には「出会いもん」の字面のほうがしっくりくる。

私が最初に「出会いもん」を実感したのは実のところ某ファストフード店で買ったチキンナゲットについてきたディップであった。それは給食でお馴染みの袋入りリンゴジャムのような味がした。というか、そのものであった。

後々、マンゴーチャツネの添えられたカレーや、鴨のオレンジ煮を食べたりして、肉と果実味がマッチすることは経験的に理解したけれど、昭和四〇年代初頭の小学生にとって甘いものは＝お菓子。ナゲットは大きな衝撃であり、また、それを美味しいと感じたことにさらなるショックを受けた。

豊かな出会いもん食文化を持つ京都に生まれ育ちながらお恥かしい限り。だが、当時は当たり前すぎて気がつかなかったのだ。甘辛く炊いた身欠鰊《みがきにしん》と茄子の絶妙なコンビネーションも筍と若芽の食感が絡み合う無二の快楽も。鰤と大根、鱧と松茸などには、まだ私が出会わせてもらってなかったしね。

最近、私が知った出会いもんといえば西原金蔵氏の手になる『オペラ』がある。

氏の作るフランス菓子は、いずれも洗練の極み。黄金率のケーキ。人を陶酔へ誘う魅惑の結

オペラ

恋とはどんなものかしら

「オ・グルニエドール」のオペラ

完成度の高さという点で「オ・グルニエドール」は圧倒的である。京都の日本料理が頭抜けて美味しいのは想定の範囲内だが、世界一のケーキまでが地元で食べられちゃうという、この幸せ。京都人でよかった。

オペラ420円

中京区堺町錦小路上ル527-1（MAPⒺ）

☎075-213-7782　㊋11:00〜19:00　水曜休

晶。美味しくても、食べた直後に本当に食べたかどうだか思い出せないようものが多い中、高みに跳ぶがごとく軽やかでありながら堂々たる存在感を有する稀有な——もとい唯一無二の存在。老舗を支える、超一流職人の仕事を思わせる。西原氏が京都に店を開いたのは、ほとんど運命じみている。

と、つい、熱く語りだしてしまうくらい「オ・グルニエドール」の菓子はすごいのだけれど、お話をオペラに戻そう。私がいう出会いもんとは、ここのオペラの豊満なガナッシュに数粒混じっている大納言のことである。この組み合わせが創造する妙味には、唸らせてもらった。

ただチョコレート＋小豆というだけなら、さほど新味はない。昔から和風チョコなるものも売られていた。相性の良さ自体は〝想定の範囲内〟である。けれど、あくまでキワモノ、思いつき以上ではなかったそれらを、西原氏は見事に出会いもんに昇華してしまった。発祥の店であるパリ「ダロワイヨ」に勝るとも劣らぬ正統派の味覚を、小豆入りオペラに与えることができるパティシエはそういるまい。天才とは革新をもたらすのではなく、革新を伝統に変えられる人間の謂《いい》なのだと改めて認識を深める。たとえばモーツァルトがそうであったように。

「ダロワイヨ」でオペラが産声を上げる、ちょうど百年ほど前。そのお向かいにある、ケーキの名前の元となった劇場で、産声を上げた別のオペラがあった。モーツァルトのオペラ喜劇《ブッファ》『フィガロの結婚』である。

当時の貴族社会を皮肉った諷刺作品ということになっているが（原作はともかく）シェイクスピアの『十二夜』にも似た、これは祝祭劇的ラブコメ。浮気なアルマヴィーヴァ伯爵と、その従僕フィガロ。彼の婚約者スザンナ。彼女の主人である伯爵夫人のロジーナ。そして小姓のケルビーノ。この五人による色恋絡みのてんやわんやである。驚天動地のドラマはない。

モーツァルトの作品としては音楽性が低い——より正しくは、モーツァルト的魅力に乏しい——フィガロだが、私はこのオペラがとても好きだ。それは登場するキャラクターたちの組み合わせバランスが非常に優れているからである。そのせいかアリアは退屈でも、和声部分になると半音階が犇めく特有の不思議な世界がわーっと広がって、えもいわれぬ快楽がある。そう。これもまた「出会いもん」の功徳と申せよう。

フィガロの名場面にケルビーノの「恋とはどんなものかしら」がある。西原氏のオペラでいえば大納言小豆に当たるだろう。少年を演じるソプラノ歌手が、劇中で女装して歌うという二重の倒錯は際立って特殊なキャラクターに見える。が、しかしである。また同時にケルビーノこそ、いかにも十八世紀っぽいロココ趣味の体現でもあるのだ。

ならば、こんなふうにも考えられないだろうか。一見して純日本的な食品である小豆こそ、オペラを構成するほかのどんな素材よりも古典的、フランス的な性質をこの菓子に付与しているのだと。あらゆる素材を真っ直ぐに捉える、偏見のない彼の目は、その可能性を見抜いたのである。

日本でフィガロが舞台初演された翌年に生まれた西原氏。これから、どんな出会いを京都ならではの食材としてゆくのだろう。

京都人は行列が嫌いだ。

まず、彼らは気が短い。いったい誰が京都人を「のんびりしている」などといったのだろう。言葉遣いからのニュアンスだろうが見当違いもいいところ。予約というシステムが比較的発達しているせいもある。それとも気が短いからこそフリの客（こういう場合はイチゲンさんではなくサシコミハンという）を厭《いと》う傾向が生まれたのかもしれない。

おまけに京都人はケチだ。無駄を嫌う。そしてこの世でもっとも大切なのは時間だと思っている。時間を無為に浪費させる行列が、してみれば受験会場で「足が滑った！」とか結婚式上で「靴紐が切れた！」と口走るよりもよほど忌むべき行為として捉えられても無理はない。行列はタブーであり、そこに並ぶものは禁を犯す異教徒。ゆえに京都人が行列を見る目は冷たい。

また京都人は人と同じであることを嫌がる。良くいえば個性的。悪くいえば協調性がない。ゆえにかバスや電車の乗降もかなり混沌とした様相を呈している場合が多い。これが京都人だけだとバラバラに待っているようでいて、誰が先で自分は誰の後であるかをしっかり認識しており、乗り物がやってくると形状記憶合金のごとく順番通りに収まってゆく。常に周りに気を配る京都人にとって一列縦隊など必要ないのだ。

もっとも、オバサン、オジーサン、ヤンママはの類いはその限りではないし、よそさん混入率の多い都市ゆえ生粋の京都人は「しゃあない」思いに暮れることもままある。〝ええかっこしい〟だから面と向かって文句も言えないのだ。私やプライドがないから言いますけどね。ともあれ、行列は京都人にとって耐え難い強制労働であり、秩序を知らないよそさんの証明。ケ

京都式行列の法則

たこ焼き

『蛸虎《たことら》』のたこ焼き

いっとき東京で流行した「京風たこやき」とは一線を画す、非常によく考えられた、これもまた〝過剰なる〟逸品。ちなみに私は熱々よりも、しばらく外気にさらして冷え始めた頃合で食すのが好きである。たこ焼き600円（一皿９個）。

左京区一乗寺赤ノ宮町15-3（本店）（MAPⒼ）

☎075-791-5205　㊢17:00〜翌2:00　火曜休

ガレの象徴。アイデンティティーの崩壊を意味するのである。

だが、そんな京都にも、いくつかの例外がある。近頃とみに目立つのは「*とようけ茶屋」だ。京を代表する食材として象徴的なわりに、まともでリーズナブルな豆腐料理店が少なかった（当たり前だ。家で食べるもんだもん）京都の食シーンの隙間にはまって、ちょっとしたブームの様相を呈している。

とはいえ並んでいるのは百パーセントよそさん。京都人と違って行儀よく整列している。豆餅の「ふたば」（P225参照）もいつも長蛇の列ができているけれど、こちらは若干ネイティヴ率が高い。回転が早いからだろう。背伸びしてウィンドウを覗きながら、豆餅の他に何を買おうかと考えているうちに順番はやってくる。

それから、ラーメンの「*東龍」もかつて時間帯によっては相当並んでいた。「*タンポポ」「*天天有」など注目の京都ラーメンの店はどこもそれなりに混んでいるが、ここは特にすごかった。そのほとんどは京都人だが、私はあえて準京都人といいたい。学生が大半を占めているからだ。

タブーを破ってまでも、純血種の京都人が行列を作るのは私の知る限り焼肉の「*チファジャ」白梅町と、たこ焼きの「蛸虎」くらいである。ただ「チファジャ」は、なぜかは判らないが〝食べ放題〟が少ない京都のなかで、かなりお得感があるから人が集まっているというのが正味のところ。競争の厳しい東京や大阪だったら、ここまでの行列になっているかどうかは疑わしい。個人的には食べ放題に含まれていたデザートが一人一回一個きりになってしまったのが中っ腹である。そんなところでケチるんじゃない。

と、そんなわけで、正真正銘地元民だけが根気よく並んでる「蛸虎」は例外中の例外店といえよう。値段やサービスではなく、その味だけで京都人を惹きつけているのだから大したものである。執拗なまでにカリカリと仕上げられた大粒のたこ焼きは、楊子で刺して持ち上げても頼りなくボトッと落ちてしまうことはない。それでいて中味は軽やかにクリーミー。濃厚なソースにも負けない旨味が凝縮されている。核となる蛸のサイズもいい塩梅。大きけりゃいいってもんではないのだ。

面白いことに「蛸虎」で注文した客たちは、きちんと並んでいない。ある者は店の外で、あるいは中で、席に就いたり、壁に凭《もた》れたりして思い思いに焼き上がりを待っている。だが順番が混乱することは決してない。これだけでも、ここがとても京都らしい店であるということがわかる。もしかしたら、そんなふうに京都式行列、列にならない行列が可能だから京都人は「待ってもええか……」と考えるのかもしれない。ひたすら順番が来るのを忍従するのではなく、おいしいものができるのを思い設けて過ごす時間は、煮込み料理に味を含ませる〝間〟のようなものだ。

京都人は待たされるのは嫌いだが、待つのは存外平気。日常のなかにも〝間〟がいっぱい潜んでいる。短気で利己的でプライドの高い彼らには欠かせないガス抜きなのだ。

＊ラーメン タンポポ……北区紫野西蓮台野町57ＵＫハイム１Ｆ　＊天天有……左京区一乗寺西杉の宮町49　＊東龍……左京区別当町下ル　＊とようけ茶屋……上京区今出川通御前西入ル紙屋川町８２２　＊チファジャ……上京区今出川通西大路上ル

日経新聞に、関西の人間が喜ぶ京の和菓子ベストテンというのが掲載されていた。これは、かなり脱力感を覚える、もとい、興味深い集計結果である。

10位『仙太郎』の「最中」　9位『丸久小山園』の「抹茶クリームロール」
8位『総本家駿河屋』の「羊羹」　7位『京阿月』の「阿月」「栗阿月」
6位『鶴屋吉信』の「柚餅」「京観世」　5位『文の助茶屋』の「わらび餅」
4位『笹屋伊織』の「どら焼」　3位『聖護院生八ツ橋総本店』の「聖」
2位『祇園辻利』の「抹茶かすていら」　1位『井筒八ツ橋本舗』の「夕子」

どうやら日経さんのいう「関西人」に京都人は含まれていないようである。いや、これらの菓子が不味いというのでは決してない。けれど、このリストはあまりにも観光客御用達すぎる。もしくはアンコものなどふだんは見向きもしない中年以上のサラリーマン限定でリサーチしたのかもしれない。キョーレツに古色蒼然。あるいは知名度が高い店ばかりと言い換えることも可能だろうけれど。ここ数年の〝京都ブーム〟とやらはなんだったの？　って感じ。もはや、よそさんにアンケートを取ったほうが、京都人の嗜好に近いものになるのだろうか。

では、ここで私が貰って喜ぶベストテン。要予約、季節限定、ひどく高価、などなどの理由で、自分ではほとんど買わないけれど（↑これがポイント）、もし貰えたら、かーなりハッピーかもしんない。アルプス一万尺小槍の上で小躍りしちゃうかもしんない――というお菓子た

雪餅

象徴と基準

「生風庵《しょうふうあん》」の雪餅

しばしば和菓子は伝統工芸や芸術品に例えられる。しかし、この比喩が陳腐にならないものを作っている店は存外少ない。「生風庵」に伺うときの高揚と緊張は、ちょうど好きなギャラリーに向かう気分に似ている。

雪餅420円。2、3日前までに電話で要予約（1個から受付)。毎年12月1日〜2月末日までのみ販売。

北区小山下総町16（烏丸紫明一筋南を東入ル南側）（MAPⒶ）
☎075-441-5694　㊢9:00〜17:00　不定休（ただし毎年8月は休）

ちである。あ、順不同ね。

『亀屋則克』の「浜土産」『俵屋吉富』の「白雲龍」
『永楽屋』の「巨大おはぎ」『松屋藤兵衛』の「福耳」
『鶴屋吉信』の「蓬莱」「薯蕷饅頭」『柏屋光貞』の「行者餅」
『みよしや』の「みたらし団子」『老松』の「夏柑糖」
『川端道喜』の「水仙粽」『生風庵』の「雪餅」

私自身、かなり味蕾に偏りがあるから、必ずしもこれが京都人の平均的な傾向だとは言えない。が、少なくとも日経の記事よりは真実に近い情報だと胸を張って断言できる。

しからば、個人的に好きな和菓子のベストテンを挙げてみるとしよう。財布を握り締めて自ら買いに走る大好物ばかりを、なにも意識せず思いつくままに書き出した。ら、家の近所が多いのは京都人の地元が一番根性の発露としても、見事なまでに「貰って嬉しい」と違うラインナップが完成。我ながら驚いた。

『嘯月』の「きんとん」『麩嘉』の「生麩餅」
『喜久屋』の「栗の子」『末富』の「上生」
『今西軒』の「おはぎ」『松屋常磐』の「くずまんじゅう」「きんとん」
『塩芳軒』の「上生」『ふたば』の「豆餅」「水無月」

『中村軒』の「麩まんじゅう」「栗ちゃきん」『生風庵』の「雪餅」

　しかし、何よりも「おっとォ」と思ったのは、本当に無意識に選んだにもかかわらず『生風庵』の「雪餅」のみが両方ともに登場してしまったことである。これは、いったいどういうわけだろう。

「雪餅」は楚々とした風味がいじらしいような銘菓である。つくね芋で作られた雪雲のごときんとんは、上品な甘さとトロンと悩ましい感触だけを残し、それこそ風花めいて舌のうえでふっと消えてゆく。あまりにも軽いので印象が薄くなってしまいそうなところだが、そこに豊かで穏やかな黄身餡の味覚が加わって、これを完成した和菓子にしている。京の底冷えに混じる春の気配に口元が緩むような心もちにしてくれる。

　どうやら私は常に頭のどこかで、この菓子のことを考えているらしい。きっと、兼ね備えたすべての美しさが、あまりにも京都的だからだ。私にとって京とは「雪餅」のような都市なのだ。英国の永住権を貰っても、ロンドンで家を買っても、どうしようもなくある種の京都人は京都人としてしか暮らせない。もしかしたら和菓子でありながら、これはひとつの〝基準〟として自分の中の位置を占めているかもしれない。

「予約のとき『雪餅』が出来上がる時間を聞いとかはりよし」。そう囁いた年長の友人がいた。「あれは、お店で作りたてのやらやらをいただくのが格別なんえ」。ああ、そういうところも、たまらなく京都だ。

卵は物価の優等生だという。けれど値段の割に、いい仕事をしてくれる。かなりの種類の料理が、卵を添えることによって一割から二割ゴージャスに見えるのである。これはレストランで注文したものに卵をオプションしたときに上乗せされる値段とつりあっている。しかしコスト的には精々二、三%しか上がっていないはずだから、食べ物屋さんを学校に例えるなら、そういう意味でも偏差値アップに貢献してくれる優等生といえよう。

変幻自在の性格を持つ卵。生のまま掻き込む。目玉焼きを載せる。薄焼き卵で包む。スクランブルにして掛ける、合わせる。茹で卵を飾る、潰して混ぜる。味覚をマイルドにし、コクを与える。異なる味を繋ぎ、優しくまとめる。口当たりを軽く、滑らかにする。甘いものにも、しょっぱいものにも寄り添う。マヨネーズみたいに酸味ものとも相性がいい。ほかに例をみない実に多才な素材である。

もちろん京都人もごく普通にオムレツを作ったり、すき焼きを浸したり、カツを綴《と》じたりして卵を食べているわけだが、非常に象徴的な、ならではの役割が三つある。彼らに深く愛されているのは疑うべくもないが、それ以上に、いずれも食卓にハレの雰囲気を演出するための大切なパートを担っているのだ。

ひとつめは言わずと知れた「だしまき」。ちょっとしたご馳走の席には欠かせない料理である。ほかのおかずがみんな同じだったとしても、卵焼きなら《お弁当》だが、これが入っていれば《折り詰め》になる。次にくるのが「ばら（ちらし）寿司」。京風のそれは、ごく簡単な精進の具を加えただけの酢飯だ。けれど、錦糸卵で蔽われたとたんに特別感が漂う。実際に、

オムライス

黄色いメタファー

「ラ・ピエス ツカサ」のオムライス

それはテーブルに運ばれてくる前からスプーンを握って待ってしまうオムライス。この店は人を子供に戻すような嬉しい味がある。〝洋食〟というものが特別なご馳走だった時代があったのだと思い出させてくれる。

オムライス680円。ランチタイムの12:00〜13:00頃はオーダー不可なのであしからず。

中京区寺町通御池上ル（MAPⓕ）

☎075-213-2520　㊖11:00〜19:30L.O.（土日祝は12:00〜19:00L.O.）　第1･3土曜休

お花見やお祭の宴席で振舞われるせいもあるだろう。そして、最後に「オムライス」。意外に思う人もいそうだが、京都はオムライス王国なのであった。

洛中で洋食の看板を上げるなかには、かなりの確率でオムライスを名代に掲げる店が見つかる。普通のカフェや丼めし屋、中華料理屋などでも、これをお勧め品にしているところが珍しくない。その結果、スタンダードがあがってしまったのか、どこで食べてもそれなりに美味しかったりする。

底辺が高くなると、それだけ競争も激しくなろうというものだが、そのあたりは『おむらはうす』*で食べていただけたらよくわかってもらえよう。オムライス専門店というだけなら全国各地にあるけれど、具がかわるだけで後はせいぜい三、四種類もソースがあれば御の字みたいな、ここは店ではない。十を越えるメニューすべてのソースが違い、それに合わせてライスも違うという偏執狂めいた構成。しかし奇を衒ったとしか思えない山菜ご飯＋豆腐ソースなんてのが存外ウマかったりするので油断ならない。

しかし、京都のオムライスクォリティを物語るのは、やはり手を抜くことを知らない職人的洋食店で食べる一皿である。

個人的に一番好きなのが「ラ・ピエス ツカサ」。オムライスだけでなく、ここで食べるすべての料理はとても当たり前の顔をしている。そこがいい。営業スマイルでもなく、かといって取り澄ましているでもなく、無闇と興奮しているでもない。平常な機嫌のよい見た目。スプーンを差し入れ、ひとくち食べれば、その印象はすぐに確信になるだろう。やるべき仕事をしっかりやっている、でしゃばらない、堅実なお人柄が窺える。って、ヒトじゃないけど。ともあれ、ほんまの人間でも、長く付き合いたいと思うのは、こういう味わいの人物といえよう。

もっとも、たまーに、エキセントリックなヤツとも喋りたくなって「ラ・ピエス ツカサ」の真隣にある「＊グリル・アローン」にも行ってしまうのだが。ここの巨大オムライスは、どこの誰にも似ていない個性派。最初はヴィジュアルの威圧感に怯《ひる》むけれど、食べてみれば気の置けない人懐っこい味。ライス代りにして数人でシェアするのが楽しい。

こうしてヒトに例えてみることで改めて気づいた。考えてみればオムライスは洋食ではあるが、京という都市の、京都人という人種の特性を極めて端的に現している。京都の隠喩《メタファー》だ。材料だけをひとつひとつ取ってみれば、なにも特別なものや高価なものを使っていない。しかし、それらを技術でまとめることによって特別にも高価にもなり得る様式にまとめあげている。これ見よがしに内容を開陳せず、薄焼き卵の皮膜で秘匿することによって逆説的に本来以上の価値を演出している。ほんっと、京都そのものだ。

そのほかにも、一皿で完結した禅庭にも通ずるがごとき形象のシンプリシティとか、「洋」を巧みにアレンジして「和」に仕立て上げる換骨奪胎の妙技とか、オムライスが孕む京のメタファーを数え上げればまだまだ出てきそうである。早い話が、私は食べたくなっているのかもしれない。どれ、今宵はオムライスにて我が故郷を偲ぶとするか。

＊おむらはうす金閣寺店……北区衣笠総門町10-9　＊グリル・アローン……中京区寺町通御池上ル

近頃イギリスでも、国鉄ターミナル駅の売店や大型スーパー、あるいは繁華街のお洒落なコンビニ風ショップの食品コーナーなどで「Bento Box」を見掛けるようになった。日本食＝ヘルシー神話と目新しいファッション性、視覚的な美しさなどで若い層を中心にポピュラーになりつつあるようだ。

ときどき試してみるが、残念ながら美味しいものに当たったことはまだない。〝それらしさ〟を優先させた外見重視だから、トンでもない誤解が弁当箱のなかで踊っていたりして面白くはあるのだが。梅干と見せかけて、ごはんの上に真赤に着色した砂糖づけのチェリーを乗せるのはやはり邪道といえよう。この国ではしばしばお米を牛乳で甘く煮てデザートにするので（日本人には主食のイメージが強いからどうしてもげーっとなるが、ちゃんと作ったものはどうして結構うまい）彼ら的には問題ないのかもしれない。

だが本来、英国人の弁当はお粗末である。はっきりいって、ナゲヤリな雰囲気が漂っている。大きなタッパーウェアに林檎とラップで包んだチェダーチーズと玉葱のサンドイッチ、チョコレートバー、ポテトチップス（クリスプス）、紙パック入りのジュース飲料などを放り込むだけ。スカスカでも気にしない。大人も子供もみな似たようなものだ。文句を言う者もない。「日本では若いお母さんが、弁当のネタに行き詰ったといって自殺しちゃったりするんだよ」という話は、いつも彼らを驚愕《きょうがく》の海に突き落す。

英国人ほどではなかったが、私の弁当箱の内容は至ってシンプルであった。母がナゲヤリだったとは思わない。髪結いの仕事を持ったうえで最低限の家事のひとつとして曲がりなりにも

仕出し弁当

愛はいらない

『二傳』の松花堂弁当

現在は料亭として知られている『二傳』。本来は高級仕出し弁当のお店であった。いまでも注文に応じて宅配は続けられている。むろん予約して伺って食べることもできる。付け合わせまでも手を抜いていない味。

松花堂弁当3675円～。

中京区姉小路通堀川東入ル鍛治町161（MAP①）

☎075-221-3908　㊋12:00～19:00（L.O.）水曜・月1回火曜（不定）休

手作りしてくれていたのだから感謝すべきであろう。

引退して、最近はいろいろな料理を覚えたようだが、彼女は当時まともに作れるおかずのレパートリーがひどく少なかった。けれど、私もワンパターンに飽きることはなかった。例によって「そういうもの」だと思っていたし、クラスメイトの弁当を覗いても似たり寄ったりだった。もし比較して自分の弁当の控えめな内容を気づかせるようなゴージャスなものを発見していたとすれば食い意地の張った私が忘れるわけはない。

その頃、うちの店では昼に「仕出し弁当」を取っていた。祭日などでたまに平日家にいると私もその弁当にありつくことができた。これは嬉しかった。母の手作り弁当におかずが——素材が、というべきか——三種類以上入っていることは極めて稀だったので、細々といろんなものが詰ったそれは、なんだかとても贅沢なもののように感じた。実際はご馳走でも何でもなかったはずだが、彩りや組み合わせにちょっとしたプロの小技がきいていたのだろう。

たとえ安い材料でも、京都には工夫を凝らすことで味覚を洗練させる伝統がある。だいいち旬ゆえ出盛りゆえに安い素材を盛大に利用するのだから不味いわけはない。そしてなによりも大量に手作りされることによって美味しさが増していた。その代表格が大釜で炊くほどに旨くなる〝ごはん〟である。

京都から仕出し屋さんが、年々暖簾《のれん》を下ろしてゆくのはご時世とはいえ残念だ。織物の街、西陣のど真ん中ゆえ、近所にはたくさんのお店があった。それが日本に帰るたび、ひとつひとつ姿を消してゆく。前回帰国したとき、とうとううちが注文していた仕出し屋さんも仕舞屋《しもたや》になっていた。そのうち仕出しを扱うといっても『二傳』のような特別な店だけになるのかもしれない。

とはいえノスタルジーだけで「仕出し屋を護れ」というのは無責任というものであろう。やっぱり、お仕着せの既製品より、その日に食べたいものを私だって食べたいからだ。ただ、その〝食べたいもの〟が毎日のようにジャンクフードやコンビニ弁当だというのなら、仕出しを食べてるほうがずっといい。

一人暮らしが長く、好奇心が強く、人一倍食いしん坊だから、たいがいの料理は形にできる自信があるけれど、母の手製しか知らない私は弁当を作るのが苦手である。弁当を支配する文法が判らないのだ。毎日作らなければならない状況に追い込まれたら、かなり辛いだろう。むろん死んだりはしないが「死にたい！」くらいは弱音を吐くかもしれない。英国人なら一蹴してしまう悩みだが。

そうなのだ。きっと――弁当なるものは、相手の嗜好をあまり慮らず作ったほうがうまくいく〝食〟なのだ。愛情を込めようとするから弁当は難しくなる。奥様雑誌や料理雑誌のグラビアに載った弁当が素敵に見えるのは、こちらの好き嫌いなんて考慮していないからである。そういう意味で愛情より技術がまさる京の仕出しは、弁当なる食形態において理想。フェイドアウトはやはり惜しい。

いわく。冷めてたほうが弁当は美味しい。――おあとがよろしいようで。

『くるみ割り人形』というバレエがある。欧州では年末年始にかけて劇場に掛かることが多い。いわば〝暮の第九〟か『南座』の顔見世公演みたいなもので、このシーズンのお約束行事のひとつなのだ。地下鉄構内にポスターが目立ちだすと、ああ、今年も終わりかあ……と思う。ふだんは、もっぱらストレートプレイばかり追っている私だが、こちらに住み始めてからは毎年ではないけれど観に行くようになった。

二幕の最後「金平糖の精の踊り」は、バレエなんぞに興味がない人でも、メロディくらいは聴いたことがあるはず。クラシックを題材に取った映画『ファンタジア』でもお馴染みだろう。いや、むしろ、「金平糖」は『くるみ……』ではなくディズニーの音楽といった印象のほうが強い。小妖精たちが軽快な音楽に合わせてダンスするそのシーンは、ミッキーマウス演じる「魔法使いの弟子」と並んで子ども心を鷲掴みであった。

そのせいでというべきかもしれない。私は何の疑問もなく「金平糖」を踊っているのは、まぎれもなく金平糖の妖精だと思っていた。が、実は、妖精は妖精でも「砂糖漬けスモモ《シュガー・プラム》」の妖精なのであった。こちらのパンフレットを読んで初めて知った。確かにキリスト教、とくにカソリック系の国々では新年に砂糖でクリスタライズされた果物を食べる習慣がある。だから金平糖よりは、よほど意味がある。

けれど、私は少々ショックであった。もちろん、かなり甘いけれど、しっかり作られたものはちゃんと果実味もあってそれなりに美味しい。見た目も綺麗だ。が、砂糖漬けスモモって、ちょっとイメージが重くないか？　もたっとしてる。チュチュ着てくるくる回るというよりも、

星が踊る 金平糖

「緑寿庵《りょくじゅあん》清水《しみず》」の金平糖

なにごとにつけ気を長く持たねばならない京都。たとえば私が期限を設けずに「作らはったときで結構ですさかい」と「緑寿庵清水」に予約しているのは山椒味（茶道専用、玉あられの金平糖。桐箱入り2415円）。切らすのが怖いのでチビチビちびちび楽しんでいる。

金平糖（小袋）天然苺、天然水サイダー、天然密柑、各480円。

左京区吉田泉殿町38-2（MAPⓖ）

☎075-771-0755　㊔10:00〜17:00　水曜休

www.konpeito.co.jp

イサドラ・ダンカンが裸足で舞うほうが似合ってる。いったい誰が砂糖漬けスモモを金平糖と邦訳したのかは知らないが、このバレエの本質をよく理解したグッジョブといえよう。

金平糖は天麩羅《テンピユーラー》と一緒にポルトガルから日本へやってきた。砂糖菓子の総称であるconfeitoが語源。南蛮渡来とはいえ一五四六年のことだから、もう、ほとんど和菓子と呼んでいいだろう。

本来これは、大変な高級品であった。なにしろ一粒を完成させるのに、ほぼ職人がつきっきりで半月近くかかるのだ。傾けた寸胴の釜を熱しながら常に回転させ、そこに溶かした糖蜜を少しずつ振りかけて育ててゆく。金平糖の、あのツノは成型されているのではない。糖衣をまとった核（小さな「ぶぶあられ」や餅米を細かく砕いた「イラ粉」など）が、釜の表面にぶつかったときの温度差、乾燥差で出来るものなのだ。

実際に、その工程を「緑寿庵清水」で見せていただいたときは感動した。それは工場でも作業場でもなく、昔ながらの工房の佇まい。白黒写真に入り込んだような気分がした。濃密に甘い香りが籠るなか、釜、というか巨大な鋼のシャーレが回っている。チャイコフスキーというより『ジゼル』にでてくる精霊《ヴイリ》の群舞みたいな金平糖の踊りが、そこには繰り広げられていた。

細石《さざれいし》の巌となりて式製法から、縁起物とされ、古来より献上品や引出物に使われてきた金平糖。それゆえ、どうしてもお土産や進物としての需要が多い。「緑寿庵清水」でも、意匠を凝らした容器に納められたものがたくさん揃っている。もっとも私は自分が消費するぶんしか買わないので、手に取るのは小袋だけ。本当は、量り売りをしてくださると、ものすごく嬉しいのだけれど……。

　ロンドンの居間のコーヒーテーブルに、私は金平糖を欠かさない。季節ごとの味を和菓子の枠型に入れて出しっぱなし。使い込まれて黒光りする木肌に、印象派絵画のような淡彩がよく似合う。ソファに足を投げ出して、ミステリを読みながら、テレビのコメディに笑いながら、茶を啜り金平糖を嚙めば、春夏秋冬がほろほろと口に広がる。味覚が優しく舌で踊る。

　春には梅が艶っぽく。天然苺がまろやかに。

夏には桃が優しく。天然水サイダーが爽やかに。

秋には巨峰が柔かく。紅茶が嫋やかに。

冬には天然蜜柑が懐かしく。生姜が清らかに。

友人を食事に招いたときにも金平糖は活躍してくれる。濃茶味を織部のお手塩皿で、天然バニラをヴィクトリア朝の銀の匙で、蕎麦ノ実黒糖をふくら雀型の瀬戸小皿で、ほんの数粒お出しする。甘味がくどくないから食前酒にもよく合う。この春は京都の友人が送ってくれたので、さくらんぼ味を桜の葉に載せて摘んでもらった。

　余談だが、いまのところ、こちらのお店でスモモを見かけたことはない。が、もしそれが発売されたら、それを持っていつか話題のマシュー・ボーン版『くるみ割り人形』を観にゆきたいなあ。彼ならではのマジカルな振り付けと、きらきらした「緑寿庵」の味はとてもよく合うと思うのだ。

フードプロセッサーに取って変わられ、場所ばかり取る邪魔者として台所から消えゆくミキサー。けれど、六〇〜七〇年代の家庭においてこれは非常に一般的であり、かつ重宝されていた。誰もがアメリカ的な豊かさを本物の豊かさだと信じて疑わなかった時代。うちにもピンクと白のツートーンで、艶消しのアクリルボディがいかにもシックスティーズしてるミキサーがあり、しばしば母がミックスジュースを作ってくれた。

我が家のレシピは、バナナ、林檎、汁ごと蜜柑の缶詰。材料がひたひたになるくらいまで牛乳を注ぎ、甘みはコーソ（「酵母原液」参照）でつけていた。ミックスジュースというよりはフルーツ牛乳に近い味だったと記憶している。十年一日、果物の組み合わせは同じで、たまにはパイン缶や桃缶を加えてみるとか、梨や苺を使ってみるとか工夫があってもよさそうなものだが、決してこのコンビネーションが崩れることはなかった。

ミキサーが知らないあいだに廃棄され、ミックスジュースの習慣も終わったころ、巷には多種多様な清涼飲料水が出回り始めた。コンビニはまだ出現していなかったが、コカコーラを皮切りに自動販売機があらゆる四つ角にニョキニョキと林立するようになった。

それまでは甘い既製の飲み物といえば、米屋に頼んでケースを配達してもらう「プラッシー」と「三ツ矢サイダー」くらいしか身近になかった私にとって、この環境の変化は、もちろん歓迎すべきものであった。それまでアイスクリームやチョコレートに費やされていた〝おやつ代〟の百円はもっぱら自販機の露と消えることになった。

毒々しい禁断の甘露「ファンタ」と「チェリオ」。ガラス瓶入りが特別感を醸し出していた

ミックスジュース

ふとした折りに……

「BRASSERIE ITY'S《ブラッスリー・アイティイーズ》」のミックスジュース

私の印象に残っているのは柿を使ったジュース。練り絹のような舌触りが最初にきて、次に果実の自然な甘味が広がり、するする喉をすべってゆく。飲み物というより〝水菓子〟という言葉が似合う逸品であった。

ミックスジュース700円。

東山区縄手通三条下ル井筒ビル1F（MAPⓀ）

☎075-541-2211　㊔11:00〜21:00　無休

『カナダドライ』の「ジンジャエール」。不二家「ミックスネクター」の缶には様々にエキゾチックなフルーツの絵が描かれ、胸を躍らせた。「ビーボよりうまいのはビーボだけ」なるキャッチフレーズが強烈に印象的だったVIVOの自販機には、怪しげな缶がずらりと並んで幼心を誘惑していた。

とりわけ私がハマったのは白桃とマスカットという宝塚的ゴージャスコンビに幻惑された「OFミックスネクター」。件の「プラッシー」の『武田食品』が売り出した当時としては画期的な林檎の発泡性飲料「マリンカ」。それから〝愛の「スコール」〟。余談だが、この乳性炭酸飲料の名前Skalが「乾杯」を意味するデンマーク語であり、しかも『南日本酪農協同』なんていうマイナーな会社が発売元だということを、この原稿を書いていて初めて知った。トリビア？

そんな騒乱の果て、やがて紅茶と出会った私は、みるみる底のないこの世界にのめりこみ、たちまち清涼飲料水を忘れ去ってしまった。以来、現在進行形でお茶ばかり飲んでいる。のだが、ふとした折り、子供のころの、あのミックスジュースの味を懐かしく想い出す昨今でもある。

けれど、私は決してそれを再現しようなどとは思わない。だいいちミキサーもない。そんなわけで京都にいるときは「アイティーズ」に伺うことになる。季節の果実をふんだんに使ったこちらの「ミックスジュース」は、もしそれに本格的というものがあるとすれば、これこそそう呼ぶべき飲み物。フルーツの風味がピッチピチ。口の中で弾けるようなリフレッシュメントである。母の味とは似ても似つかない。けれど、ミックスジュースといえば、もはやここしか頭に浮かばない。

その理由は、「アイティーズ」から目の鼻の先に伸びる古門前町、新門前町の骨董街を散歩したのが原因で、舌に味覚の記憶が甦り、《ふとした折り》が訪れるせいだろう。

ここは京を代表するアンティーク・ストリート。私なんぞは足を踏み入れるもオコガマしい敷居の高い老舗もたくさんある。が、それらに混じって、洛中で生まれ育った者なら誰しもが郷愁を覚えずにはおれないような暮らしの古道具を扱っているお店も見つかる。なにより、街の風情そのものが自動販売機のなかった時代を彷彿させる。童心に還えるというのではないが、京都人を過去に連れ戻すような、ここは場所なのである。

「繼壺洞」でヨーロッパから買い戻された〝里帰り伊万里〟の及位《のぞき》を奮発したときも、「ＪＰぎおん美術センター」で鍋島の古窯跡から掘り出された発掘陶片を浚えたときも、「八木美術店」で祖父母の家にあったような明治期の伏見人形を見つけたときも、いつも私は「アイティーズ」へ向かった。それは過去からの声にインスパイアされたというよりは、ただ家まで待ちきれなくて、もう一度包みを開けてみるためであったが。

六〇〜七〇年代の道具類は、いよいよアンティークの仲間入りをしようとしている。いまのところ、まだ門前町にそれらを商う店はない。しかしいつかそれらが登場したとき、私の愛するミックスジュースはますます甘美になるに違いない。

年に一度くらいは日本に行く。友人や家族に会うため。そして食材を調達するためである。帰り着いてしまえば楽しいのは判っているのだが、しかし、このごろそれがどんどん億劫《おっくう》になってゆく。最大の理由は飛行機だ。十二時間が、もう、耐えられない。全面禁煙が実施されてからは、ほとんど絶え難き苦痛である。隠れてトイレで吸ってツンドラタイガに不時着されても困るので我慢するしかないのだが、食後はとくに拷問。脂汗が滲む。ので、ここんところはミールサービスを断っている。

懐具合に余裕があるときはビジネスクラスを取って前日徹夜を敢行し、機内では眠っちゃうという手もある。けれど、ビンボー・エッセイストはしばしば足を伸ばすことすら満足にできないエコノミーを使わざるを得ない。そんなブロイラーフライトを凌《しの》ぐ手立てはといえば、これはもう読書しかない。以前はウォークマンで音楽を聴いたり、片っ端から映画を観たりしていたけれど、どうも私はイヤホンというものが苦手らしい。内耳に直接音が響くと頭痛がしてくるのだ。

本以外に無聊《ぶりょう》を託《かこ》つものがあるとすれば、それは隣り合わせた乗客と交わす会話だろう。かなり運に左右されるけれど、もしラッキーに当たったら、これは活字よりもよほど快適な旅を約束してくれる。そのぶん外れると地獄でもあるのだが。まあ、これだけ長いこと海外生活を続けて往来していると、いろんな人に会う。とりわけ印象深く、いまでも思い出すと頰がゆるんでくるなかの一人は大韓航空で横に座ったおばちゃん。あのときは、おかげさまで退屈せずにすんだ。

キムチ

オモニは世界を駆け巡る

「キムチのミズノ」のキムチ

二条城の目と鼻の先にある、小さくてピリリと辛い山椒、じゃない青唐辛子《プッコチ》のごとく偉大な店。とうとうファンクラブまでできてしまった「ミズノ」のおかんは、もはや京都150万人のおかんとなりつつある。

白菜のキムチ（250g）500円。

中京区黒門通御池上ル織物屋町222-1（MAPⓙ）

☎075-822-6327　FAX075-821-0687　㊪10:30〜19:00　水曜休

キムチ屋ドットコム　www.kimuchiya.com/

もう数年来、自家製キムチを漬けているのだが、私のレシピはこのとき彼女――カンさんといった――に教えてもらったものだ。日本語も達者だったので、こと細かにコツを伝授していただいた。イギリスに住む息子さんに会いにいくという話だったので、じゃあ、たくさんキムチを持参されたんでしょうねと聴くと「とんでもない」と笑った。

「あっちに家族や知人がいる人はみんな持ってゆくみたいね。でも、あたしは嫌よ。この匂いに慣れないガイジンさんも多いんだから迷惑じゃない。あたしが鞄に入れているのはね、トウガラシだけ。イギリスでこさえてやるのよ。一年分。顔もみれるし、子どもも喜ぶし、もう年中行事よ」

英国にある材料で本場の味になるんですか？　と訊くと、カンさんは大きく頷いた。

「同じってわけにはいかないけど、日本の白菜で作るよりは美味しくできる。娘は日本にいるから、やっぱり行って作ってやるんだけど、キムチに向かない。水分が多すぎて。生の唐辛子も甘いし。大蒜《にんにく》も優しすぎて、こう、香りがね、真っ直ぐ立ち上がらない」

京都には、何軒かうまいキムチを売る店がある。名実ともに高いのは「ミズノ」。マイ定番は切ってない状態の白菜キムチと、透明な漬け汁《スープ》の滋味に涙が滲みそうになる水キムチ。コチュジャンで味付けた切干大根、じゃこの青唐辛子《プッコチ》和えなど、小さな店には誘惑がいっぱいだが、どれもごはんが進みすぎるくらい進むので、デブの私は我慢我慢。つい、買っちゃうけど。

こちらは韓国から直接材料を買い付けているというし、店の雰囲気もいかにもなので、これぞ本場のキムチなのだと思って食べていたが、カンさんの言葉が本当なら、「ミズノ」の味も、あくまで店の「おかん」の味だということになる。京都という土地で工夫を重ね、手間隙惜しまずに完成させた逸品なのだ。世界中のどこで漬けられようと〝オモニの味〟は〝オモニの味〟。キムチは、まず親心アリキなのかもしれない。

ところで、カンさんのレシピは、相方にも友人たちにも好評サクサク。何度も漬けるうち、オモニとはいかないまでも入江の味にはなってきたような気がする。コシノミチコさんにもお裾分けしたら大変喜ばれ、こと細かに作り方を訊ねられた。彼女《ミッちゃん》は料理上手。曰く「ミチコ・ロンドンのキムチ発売せんと」と感動するほど大成功したらしい。が、残念ながらこの計画は頓挫した。

「そやかて、しばらく指に匂いついて取れへんやん。仕事してて、ふっと大蒜の香りがするねんよ。あかん、このままではデザインがキムチくさなるー思て諦めてん。コレクションは非現実の世界やからね」

レシピをメモしながら細々とした質問する私に、カンさんは少し驚いているようだった。

「朝鮮の男は料理なんてナンもしないよ」だそうだ。スゴイわねえと感心しつつ、でも、息子が自分で手作りしだしたら、ロンドンに行く口実がなくなっちゃう……と眉をしかめた。そういえば彼女は、こんなことも言っていたっけ。

「孫ができたらNYに住まわせたいわ。アメリカ、まだ見たことがないから」

マンハッタンの白菜か。どんな味なのだろう。

ここ二、三年で、瞬く間に洛中を席巻した観のある『りんりん堂』のメロンパン。いままでいったいいくつ食べたやら。たいして長くもない日本滞在期間からみれば、かなりの割合で口にしていると思う。はっきりいって限られた時間。もっと〝食べるべきもの〟があるような気もする。のだが、どうやら食べるべきものよりも〝食べたいもの〟のほうを優先してしまうらしい。歳を取って肉体的に無理が利かなくなるに従い、欲望には忠実になるばかりである。

別にメロンパンは特別に好きではない。個人的な思い入れがあるわけでもない。むろん嫌いでもないし、それなりに愛着のある昔ながらの菓子パンだけれど、この店を知らずば、こんなに食べることはなかったろう。ほかのパン屋では、まず取らない選択肢である。

だとしたら、なぜに手を出すのか。それどころか、なぜに来る京都人、来る京都人、お土産に持ってきては自分も頬張っているのか。美味しいからに決まってるじゃんといわれればそれまでだが、なにかもっと深いワケがあるはず。勇気を出してお姉さんにお話してちょうだい！と肩を揺さぶっても、メロンパンは黙っているばかり。

びっしりと厚いビスケット生地の衣が裾までしっかりパンを蔽っている。この貞淑さを、実をはみださせたはしたないメロンパンは見習うべきだろう。かなり大ぶりだが、思い切ってかぶりつくと、それはクリスピーな歯応えと一緒に、しっとりとした内側のミルクパンはふわりふわりと口の中で小さくなってゆく。散らされたザラメがぷちぷちと潰れて、これがまたいい感じ。食べるたびに「よくできてるなー」と私は微笑む。

京つよく君を愛す

メロンパン

「りんりん堂」のメロンパン

焼き上がりのタイミングが合えば、好みに応じて焦がし加減を微妙に調節してくれたりする。京都らしさというのは、店の設《しつら》えや、売り物の地域性よりも、こういう濃やかなサービスを本来さしているのではなかろうか。

メロンパン120円。

上京区室町今出川東入ル南側（MAPⒽ）

☎075-415-2282　㊔9:00〜19:00（売り切れ次第終了）　不定休

しかし、やっぱりそれだけじゃない。まず、京都人は「うちは、これだけ！」という強い名代を持つ店への敬意がある。『蛸虎』のたこ焼き、『今西軒』のおはぎ、『一和』『かざりや』のあぶり餅、みんな同じ理由で愛されている。そして、もうひとつ。メロンパンなる食が、いわゆる京都的なるものと一線を画しているからこそ、彼らは安心して買えるのだともいえる。

なぜなら、もうずいぶん前から、この都市の——少なくとも市場の——主役はよそさんであり、自分たちのために用意されたのではない〝京都らしさ〟にネイティヴはウンザリしていたから。もし「りんりん堂」が、どんなに上出来だったとしても「抹茶メロンパン」だの「丹波栗メロンパン」（ウマそうだけど）だの「メロンパンの千枚漬」だのを出していたら、ここまでの京都人の支持は得られなかったはずだ。

けれど本当は、京都で真に京都的な「メロンパン」を出すとすれば、それはアンコがはいっていなければならない。誤解しないでいただきたい。〝らしさ〟の演出などではない。ラグビーボールを縦割りにした形状で、芯に白漉し餡を仕込んだ菓子パンこそが、京都では伝統的に「メロンパン」と呼ばれていたのである。

現在の主流であるベーカリー系ではなく、クラシックな製麺所系パン屋の片隅に、それはいつもあった。こちらはビスケット生地ではなくケーキ生地で包まれている。昔風の洋食屋に行くと、しばしばライスが成形されているが、その食型である「メロンカップ」に嵌《は》めて焼き上げるからメロンパン。一般的メロンパンにつけられた網の目がマスクメロンを模した柄だとすれば、京都のそれはプリンスメロンといったところである。

では、普通のメロンパンはなかったのかというと、「サンライス（ズ）」という名前で並んでいた。東京発祥（新宿『中村屋』説と銀座『木村屋』説の両方アリ）とされるメロンパンが上洛したとき、京都ではすでに白アン入りメロンパンが定着していたので、改名を余儀なくされたわけだ。

多分Sunriseに由来しているのだろう。昇る朝日の光芒を現す放射線が刻まれている。なんだか帝国旗を思わせる勇壮なデザインだ。もしかしたら、戦後民主主義の敷衍に当たって、そのイメージが嫌われたせいでパン屋の店先から駆逐されていったのかもしれない。しかし、その味覚を惜しむ人々の需要に応える形で、いつしか今のメロンパンに取って代わられたのだ。

小回りの利く営業形態を活かして着実に店舗を洛中に広げつつある「りんりん堂」。さすがに売り物が一種類だけでは不安があったのか、近ごろクロワッサンを新発売した。この都市ではお年寄りでも朝はパン食が主流を占める。そんな京都人の嗜好を熟知した上での的確でナイスなチョイスである。よそさん用のメロンパンを売り出したりしない限り応援し続けたい。

が、欲をいえば白アン入りメロンパンを作ってほしかったなー。そのとき「りんりん堂」は本当の意味で京都人のためのパン屋となるのだから。

搗《つ》きたての餅は禁欲的なエロスの味がする。もち肌からの連想ではない。それには子供時代の記憶が関係している。

いつごろまでその習慣が続いていたのか、もう覚えてないのだが、毎年師走に入ると山科にあった父方の祖父母の家に親戚一堂が集まり、餅搗きをしていた。木造の小さな家が年に一度、俄かに活気づく。祖母が次々と糯《もちごめ》を蒸し、男達が杵を握り、女達は搗き上がった餅を木の角桶に受け、伸したり丸めたりの作業。子供達はといえば摘まみ食いや邪魔をするか、ときどきは臼の脇に控え、水に浸した掌で餅を叩きリズムをとり、練り込む仕事を手伝った。

手が糯の熱で赤く染まり、搗き上がるまで休むことは許されず、結構過酷なパートではあるが子供達は先を争ってこれをやりたがった。ひょっとして杵で手を潰されるのではないかという想像にドキドキしながら。この役目には確かにマゾヒスティックな性的快楽が秘められていたと思う。

白餅の他、真赤に着色された干し海老《アミ》を入れたもの、青海苔を混ぜたものも搗いていた。粒の残った五分搗きのアミ餅も好きだったが、何といっても私が偏愛したのは粗搗きしただけの糯を潰し餡でくるんだ「おはぎ」であった。

市販されているものの倍ほども大きく、家で炊かれた小豆はマメの味が濃厚にした。洗練された京の和菓子には程遠いけれど、これが、もうもう牛になるほど美味しかった。本当に年に一度、そのときその場でしか食べられない特別なご馳走だ。

おはぎは黄粉がまぶされ、各家庭に持ち帰られるのだが、黄粉で食べる場合はやゝ、らやらゝの搗

豆餅

搗きたてのエロティカ

『ふたば』の豆餅

毎日食べたい出町『ふたば』の豆餅。そう思う人は京都人よそさんを問わず沢山いるようで、いつもこの店は行列が絶えない。そしてまた並んで買うだけの値打ちがある。かつては大原女さんも並んだという。

豆餅160円。

上京区出町通今出川上ル青龍町236（MAPⒽ）

☎075-231-1658　㊢8:30〜17:30　火曜・第４水曜休

きたてを小さくちぎって白砂糖といっしょに絡ませたものがフェイバリット。衣をおごりすぎてなんど噎《む》せ返ったことやら。「アホやなあ」と背中を叩かれながら飲む、濃くぬるい番茶は、甘く芳ばしく喉を潤した。

さて、みんなが忙しく餅搗きをしているあいだ、うちの祖父という人は何をするでもなく、にこにことその場を眺めているだけであった。ふと気がつくといなくなっていて、そういうときは二階の自分の部屋にいた。「おはぎできたし、上に持ってってたげて」と言われ階段を昇ると、雑然と積まれた画具や本に埋もれるようにして座っていた。

口数の少ない人だったが、私には比較的いろいろな話をしてくれたほうだと思う。私は摘み食いだけが一人前で階下の子供達のなかでも最も役立たずだったので、お呼びがかかることもなく二人でぼそぼそと喋って時間をすごした。

彼は日本画家であった。丹念で精密な植物の絵《ボタニカル・アート》を描いた。画壇というものが嫌いで、どこのグループにも属さず、また〝売れる〟ことにも興味がなかった。祖母はかなり生活に苦労したらしい。父がまだ小さかった頃だが、ある日、祖父は忽然と消えてしまったのだそうだ。そして三年ほど経って、また、忽然と姿を表した彼を家族が問いつめると、旅芝居の一座に加わって全国を回っていたという。背景の書割りなど描いていたようだ。どうやら生まれながらのバガボンドであった。

あれは私が十代半ば。図体こそ大きく育っていたが相変らず役立たずで、やっぱり祖父の部屋にいた。おはぎを食べながら寝そべって漫画など読んでいたら「ちょっと、これ見とうみ」

と祖父に声を掛けられた。それは見開かれた大判の画集であった。

『奥州安達原、一つ家の図』。囲炉裏端、鬼婆が半裸に剝《む》いて大井から縛り上げ吊るした妊婦を凝視《みつ》めながら包丁を研いでいる。怖い怖い静謐《せいひつ》で淫靡《いんび》な月岡芳年の浮世絵だ。ぽってりと孕んだ女の腹が、濡れて湯気をたてる搗きたての餅のようだと思った。祖父が何を思ってその絵を見せたのかは判らない。私は惰性で口を動かしながら、いつまでも、いつまでも、それを眺めていた。人の秘密を覗いているような快楽を愉しんだ。

もうあんな杵搗き餅を食べられることは滅多とないだろうが、正直に作られた京都の餅菓子、たとえば「ふたば」の豆餅なんかを頰張ると今も、そのときの気分が少し蘇る。懐かしいような恥かしいようなエロティックな罪悪感だ。

数年前、ロンドンで祖父の個展を開いてもらった。亡くなる前にも後にも、初めての個展。自宅に掛けるための額装を頼んだ店で見初められ、突然に連絡が入ってきた。

「様式的な植物図なのに……とても禁欲的にエロティックだね」

電話口で画廊のオーナーは言った。その言葉で任せる気になった。祖父の画風に『一つ家の図』に共通する魅力を発見してくれたのだから。初日には搗きたての餅と番茶、せめて豆餅を振舞いたかったが、それは叶わず。晩年、祖父の好物だった冷たいマンゴーティーを想い出への供物にした。

◎あとがきにかえて

抹茶あずきキャンディー

美味しいクーデター　あるいは、すべて京都になる日まで

抹茶は京都だ。いや、京都は抹茶だ。京都を具体的に想起させるヴィジュアルは数々あるけれど、その味覚でもって日本人の生理を刺激し、たちまち幻のミヤコを脳裏に築くことができる力を秘めているという点で、抹茶は比類ない都市のエッセンスである。

柴漬けにも近いものがあるけれど甘いものなら何にでも寄り添ってしまう抹茶に比べて味覚の汎用性がずっと狭い。したがって拡散性に乏しい。抹茶＝京都は、そもそもこの地が茶の生産地であり、かつ茶の湯の首都であったことから生まれたイメージだが、出自を越えて〝グリーンティー〟はアンパンのアンコのように街の中核に収まっている。

抹茶風味というのは今に始まったものではない。とくにミルク味との絶妙なコンビネーションが発見されて以来、抹茶は菓子を中心に世界をぐっと拡大させた。これは京都が仕組んだこ

『祇園辻利』の抹茶あずきキャンディー

本店の抹茶パフェは甘いもの好きにはたまらないけれど、「祇園辻利」の最大の功績はこの質の高いアイスキャンディーを関西圏のセブンイレブンなど〝どこででも〟買えるようにしたことであろう。

抹茶あずきキャンディー210円。地方発送可（北海道ほか一部発送できない地域有り。送料、保冷剤、箱代が別途かかる）

東山区四条通祇園町南側573-3（MAPⓀ）

☎075-525-1122（本社）　㊔10:00〜22:00　無休

www.giontsujiri.co.jp

とではない。だが、メディアは抹茶味に京都という装飾、包装を加えることで、それを付加価値とした。

そういう意味で関西圏を中心に、全国どこででも「辻利」の『抹茶あずきキャンディー』やアイスクリームが買えるようになったのは事件であったといえる。むしろ京都発の京都の味が全国的に認知されるタイミングとしては遅すぎたくらいだ。

私は本書で〝京都人の煩悩〟としての食を紹介してきたわけだが、ここまで書き終えてみてその煩悩が妄想に変りつつある。これらの〝食〟が日本の日常をより鮮やかに彩って、なぜ、いけないのだろう？　こんなに流通が発達してるのに。——と。

むろん、小さな商いを保つことでしか継続できない美味もたくさんある。そういうものは京都でしか味わえない特別なものとして、この本を頼りに店を訪ねてもらえればいいことだ。けれど、スーパーに並ぶ油揚げが京都のお揚げさんじゃなんでダメなの。小粒やヒキワリと一緒に紫竹納豆が売られていけない道理はないでしょ。子どものオヤツに本物の都こんぶやはったい粉が与えられても、カップヌードルに『天一味』が新発売されてもいいじゃないか。産業が奪われても政治の舞台は遠のいても京都には美食がある。

こうなると味覚による京都の日本制覇だ。美味しいクーデターだ。ま、そんなふうに妄想が暴走してしまうのも、愛ゆえと思って許していただきたい。

この本はエスクァイア日本版二〇〇二年四月号に書かせてもらった本書と同名の特集で取り上げた京の〝食〟がベースになっている。それらを折り込みながら文章を仕上げたとき、おのおのにまつわる個人的な思い入れが自分で考えていたよりもずっと深いことに私は気がついた。そして雑誌の紙幅ではどうしようもない、それらの〝食〟へのラブレターが書きたくなった。WAVE出版から単行本出版の運びとなったとき、私は渡りに舟で〝もゆる想い〟を綿々と書き連ねた。まあ、私の愛情が歪んでいるせいで、あまり素直でない恋文ではあったが。ともあれ、おかげさまで好評を戴き、第二弾の『京味深々』まで出させてもらったのは、なんだか自分のキモチが成就したみたいで望外の幸せだったといえよう。

それが、こんどは文庫本である。恋愛体質の私は、あれだけ書いたにも関わらず、もう少し煩悩が残ってたらしい。光文社さんからお話をいただいたとき、無理をいってどっさり書き下ろしを加えさせてもらった。続刊できれば、最終的には煩悩の一〇八を越えそうな勢い。だが、単行本読者には満足していただけることと思う。

他人のノロケ話ほど聴いていてシラケるものはない。けれど、私には自信がある。誰だってここで紹介したような味覚を知ったらノロケのひとつも吐露したくなるに違いない。

さて、最後になりましたが、快く写真の掲載許可を下さったお店の皆様、どうもありがとうございました。みなさんがいるかぎり京の美味は永遠です。日本の〝食〟がすべて京都になる日までがんばりましょう。

「なかひがし」の写真は、件のエスクァイアで杉本立夫氏、加藤静允氏の器に中東久雄氏が盛りつけるという、なんとも贅沢な企画において特別に調理されたものです。私の本にはもったいない美しい風景になりました。三氏にはお礼の言葉もございません。これからも、よろしくお付き合い下さいませ。
　そして、それらの食を、その味覚までも忠実に写し撮って下さったハリー中西氏。撮影コーディネートを引き受け洛中を走り回ってくれた高橋マキ嬢。担当編集者の小畑英明氏。解説を書いてくれた幼馴染み兼SF作家兼農学博士の藤田雅矢氏にもこの場を借りてお礼申し上げます。もちろん煩悩を分かちあえた読者の皆様にも――。

These are taste for Kyoto native. Also these are taste for everyone too. Believe me.
Include you, Ian. I'll dedicate this book for you if agreed that.

解説——入江敦彦だけが食べている？

藤田雅矢《ふじたまさや》
（作家・植物育種家）

本書は、入江敦彦のベストセラー単行本『京都人だけが食べている』の文庫版である。本書の続刊である『京味深々』が刊行されたときには、京都の丸善でトークショーとサイン会が開かれ、店頭の置き場をハリー・ポッターの新刊と二分する売れ行きであった。また本書は単行本版に加えて、なんと十八項目もの書き下ろしが追加されているお得な本でもある。本人は残っていた煩悩を書き足したと言っているが、実は著者である入江敦彦は現在ロンドン在住であり、年に一度日本に帰ってくるかどうか、また帰ってきても一、二カ月しかいないはずなのに、その間によくこれだけ〝食〟へのラブレターを追加できるものだと、彼の煩悩に感心してしまう。おかげで、先日京都で会ったときもサカイ（P157参照）まで散歩がてらに歩いていって冷麺を食べて帰ってきたが、いやこれが実にうまかった。

そんな入江敦彦とは、もうそれこそ一ケタの年齢の頃からの長い長い付き合いになる。おかげさまで、入江の著書にはときどき顔を出すはめになる（本書では、P56とP116頁）。書かれっぱなしも何なので、こんな〝食〟へのラブレターを綴ることのできる入江敦彦の食べ物に関する思い出を書いて解説がわりにしてみようと思う。

時は昭和四十七年。札幌オリンピック開催の年である。南沙織が「17才」でデビューし、天地真理が「水色の恋」を歌い、欧陽菲菲の「雨の御堂筋」がヒットしていた。ちなみに、この年はマクドナルドの第一号店が東京に開店し、カップ麵の先駆けであるカップヌードルが発売された年でもある。そんな時代に小学生であった入江とわたしは、トワ・エ・モアが歌う札幌オリンピックのテーマ曲「虹と雪のバラード」の替え歌をつくってよろこんでいた。タイトルは「麵と汁のバラード」。あやふやなところもあるが、記憶をたよりに歌詞を書き出してみるとこんな感じである。

サンヨー食品を歩み出て　ラーメンが近づく　麵を取り合って
おつゆが残る　おいしいおつゆが　それは味噌、醬油、それとも塩
生まれ変わる　サッポロ一番　日本一のラーメン
生まれ変わる　サッポロ一番　君の名を書く　インスタントと

小さいときの記憶というのは恐ろしいもので、いまなお麵類を茹《ゆ》でるときに無意識に口ずさんでいたりする。ご存知の方は声に出して歌ってみて欲しい。

当時、ようやく台所が使えるようになった小学生の二人は、おやつに自分たちでインスタントラーメンを作って食べるのがうれしかった。チキンラーメンもあったが、サッポロ一番がご贔屓《ひいき》であった。チキンラーメンはお湯をかければできてしまうが、サッポロ一番の方はスープ

が別に袋で入っていて、麺を鍋で煮たりするところが、少しでも料理をしている気分を味わえたからだろうか。

こうしてインスタントラーメン作りを覚えた二人は、台所を遊び場にすることに目覚めた。それは、入江家が自営業で子どもが遊ぶ昼間の時間は家政婦さんもおらず、自由に子どもだけで台所を使うことができたからだろう。もっとも、自由に使うことを許されていたわけではなく、焦がした鍋を放っ散らかして、あとで入江が怒られたと言っていた覚えもある。

それでも、入江邸の台所はいい遊び場だった。酵母原液の項にあるように、入江邸の冷蔵庫には、いつも酵母原液とヤマギシ牛乳が入っていて、ヤカンには柿の葉茶がわかしてあった。その頃紅茶キノコも流行《はや》っていて、入江は夏休みの理科の自由研究に「紅茶キノコは、紅茶以外でもできるか」という問題に取り組み、コーヒーキノコや麦茶キノコ、緑茶キノコなど、怪しい液体の入った瓶をたくさん並べていた。

また、入江邸のあるマンションの一階は、スーパーマーケットのジャスコになっており、エレベーターを降りて行けば、いろいろな食材が手に入った。ジャスコといえば、食べものの思い出だけではない。入江とともに星空新聞なるコピーの手書き新聞を勝手に毎月発行し、年末になると特集（！）を組んで、「今年の紅白は紅組と白組どちらが勝つと思いますか？」などと、ジャスコの買い物客相手に突然インタビューをして記事を書いて遊んでいたのだ。こういう書きもの系の遊びは、リレー小説や交換マンガなどもやったが、その後「零《ゼロ》」という空想科学幻想創作同人誌へと姿を変えていった。いまを思えば、これが物書きへの道のはじまりだったのかも知れない。

さて食材に話を戻そう。数ある食品の中で、いまも鮮明に記憶に残っているものに、「スリージェイ」という商品名のインスタントゼリーがある。テレビでは「夢のデザート」などと宣伝していて、うまく作ると三層になった〝夢の〟ゼリーができあがるのである。泡立ててガラスの容器に入れた後、冷蔵庫に入れて冷えて固まるのが待ち遠しくて仕方がなかった。待ちきれず、冷えてもいないのに冷蔵庫から出して失敗もした。一番上の層は作るときに泡立てた泡の層からなり、この層をうまく作るのは案外難しかった。

そのうち、おやつだけでなく、ハンバーグなどという料理にも挑戦するようになった。もっとも、これも買ってきた挽肉に「バーガーヘルパー」と「卵と牛乳いれるだけ」(と、これも宣伝していた。CMに影響されやすい子どもだったのだろう)で、お手軽インスタントハンバーグ大会が開かれた。さらには、高校生の時だったと思うが、互いに料理を作りあって、無理矢理相手に食べさせるような料理のバラエティ番組みたいなこともして遊んだ。

紅茶に目覚めたのもその頃であった。お中元やお歳暮で家に届いたトワイニングのティーバッグを、二人で全種制覇して悦にいっていた。やがて、それはリーフティへと替わり、世の中にはFAUCHONという高級な金色の缶に入った紅茶があることも知った。また、リーフティーも日本で普通に売っている125g缶では満足しなくなり、もっと大きな250g缶、いやさらに大きなフォートナム&メイスンの500g缶を手に入れて喜んでいた。初めての海外旅行でロンドンで買った紅茶セットの中に、ラプサンスーチョンなる薫製臭のお茶があり、はじめは「なんや、この変な紅茶」などと言って飲んでいたのが、やがて病みつきになってしまった。いまでもラプサンスーチョンのアイスティーは、夏には欠かせない飲み物となっている。

その後のことは、本書に詳しい。京風ラーメンの「あかさたな」にもよく通った。志津屋のカツサンドを手に、二番館の祇園会館へ映画を見に行くのは、大学生のちょっとした贅沢であった。そして、幻想と化していた「アンカレジのうどん」の確認作業も行った。白人の兄ちゃんが白い腕で茹で上げて作ってくれた千円のうどんの味。

こんなふうに、小さな頃から同じような〝食〟を作り食べてきた入江とわたしであったが、その後入江敦彦はめきめきと料理の腕を上げ、いろいろと食べ歩くようになった。一方、わたしの腕はというと当時とたいして変わることなく、いまでは入江邸を訪ねると、入江の作ってくれる料理を一方的においしいおいしいと口にし、がばがばと山のように紅茶を消費するだけの客人と化している。

そしていま、入江敦彦はこうして文章でも京都の味をふるまってくれるようになった。こちらも、入江の味かげんは絶妙でとてもうまい。是非、手にとってご賞味いただきたい。

京都広域図

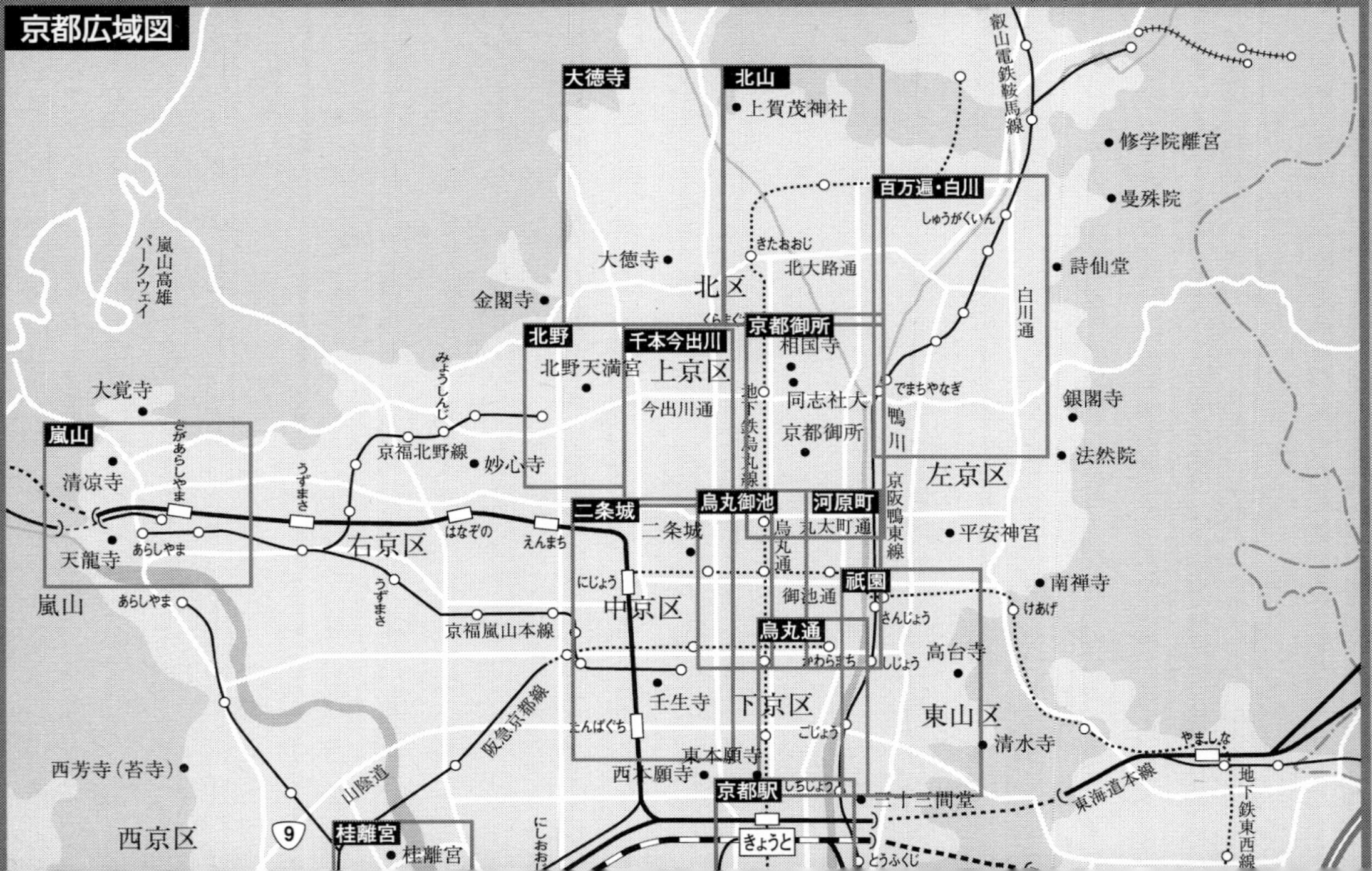
大徳寺
北山
上賀茂神社
百万遍・白川
叡山電鉄鞍馬線
修学院離宮
曼殊院
嵐山高雄パークウェイ
大徳寺
北区
きたおおじ
北大路通
しゅうがくいん
詩仙堂
金閣寺
白川通
北野
千本今出川
京都御所
相国寺
北野天満宮
上京区
同志社大
でまちやなぎ
銀閣寺
大覚寺
みょうしんじ
今出川通
地下鉄烏丸線
京都御所
鴨川
嵐山
とがあらしやま
京福北野線
妙心寺
法然院
清凉寺
うずまさ
左京区
京阪鴨東線
二条城
烏丸御池
河原町
二条城
烏丸通
丸太町通
はなぞの
えんまち
平安神宮
天龍寺
あらしやま
右京区
うずまさ
にじょう
祇園
御池通
南禅寺
嵐山
あらしやま
中京区
さんじょう
けあげ
京福嵐山本線
烏丸通
高台寺
かわらまち
しじょう
阪急京都線
壬生寺
下京区
東山区
たんばぐち
ごじょう
やましな
西芳寺（苔寺）
東本願寺
清水寺
西本願寺
山陰道
京都駅
しちじょう
三十三間堂
東海道本線
地下鉄東西線
西京区
9
桂離宮
桂離宮
にしおおじ
きょうと
とうふくじ

南区
山科区
向日市
長岡京市
伏見区
宇治市
宇治
伏見稲荷大社
醍醐寺
萬福寺
三室戸寺
名神高速道路
国道一号線
京阪本線
JR奈良線
京阪宇治線
近鉄京都線
東海道本線
東海道新幹線
京滋バイパス
第二京阪道路
宇治トンネル
桂川
宇治川
171
1
いなり
ふじのもり
ももやま
ろくじぞう
こはた
おうばく
みむろと
けいはんうじ
うじ
JRおぐら
ひがしむこう
むこうまち
にしむこう
ながおかきょう
ながおかてんじん
やまざき

北山
A
上賀茂神社
御すぐき處 なり田
明神川
交番
上賀茂小
深泥池
103
40
交番
きたやま
地下鉄烏丸線
北山大橋西詰
町小
北山通
コムトゥジュール
小山
新町通
衣棚通
室町通
府立植物園
40
北泉通
下鴨
京都府立大
洛北高・中
今宮通
賀茂川
きたおおじ
グリルはせがわ
洛北高校前
367
北大路通
北大路橋
バイカル
烏丸北大路
交番
紫明小
大谷大・短大
地下鉄烏丸線
下鴨本通
烏丸紫明
加茂街道
京都教育大
京都中・小
生風庵
下鴨神社
くらまぐち
下鴨小

大徳寺
B
尺八池
38
大宮小
御薗橋西詰
北 区
常照寺
加茂川中
紫竹小
鷹峯
交番
紫竹
38
松野醤油
堀川北山
北山通
北署
待鳳小
森口加工食品
旭丘中
山本屋
ラーメンタンポポ
今宮神社
今宮通
中華のサカイ
府立盲学校
紙屋川
佛教大
大宮通
堀川通
紫野高
大徳寺
大こう本店
磯田
北大路通
松屋藤兵衛
181
千本北大路
堀川北大路
金閣寺前
府立盲学校
高等部
船岡山公園
紫野小
31
堀川紫明
かね井
柏野小
鞍馬口通

千本今出川
C
廬山寺通
寺之内通
本法寺
31
浄福寺通
たんきり飴本舗
堀川寺之内
千本通
上立売通
五辻の昆布
かま八老舗
五辻通
嘉楽中
鳥岩楼
西陣中央小
天喜
千本今出川
日本酵母研究会
鶴屋吉信
今出川通
101
大正製パン所
中筋通
静香
堀川今出川
西陣織会館
元誓願寺通
ときわ寿司
笹屋町通
focal point
西陣江戸川
晴明神社
38
一条通
上京区
千本通
スケロク
塩芳軒
交番
中立売通
マリヤ
正親小
ハローワーク
堀川通
仁和寺街道
土屋町通
裏門通
智恵光院通
大宮通
萬亀楼
猪熊通
黒門通
ルビノ
出水通
山中油店
下立売通
フレスコ堀川店
111
二条城北小

北　野
D
おむらはうす金閣寺店
木辻馬代
喜久屋
寺之内通
平野
平野神社
翔鸞小
天神堂
クリケット
北野天満宮
老松
衣笠小
糸仙
北野
西大路通
上七軒
今出川通
落星高・中
今小路通
チファジャ
北野白梅町
今出川通
とようけ茶屋
西陣署
京福北野線
101
きたのはくばいちょう
長文屋
交番
西大路一条
大将軍
仁和小
仁和寺街道
御前通
七本松通
西大路通
129
妙心寺道

E
烏丸通
地下鉄烏丸線
高倉小
堺町通
柳馬場通
富小路通
麩屋町通
御幸町通
丸寿
高瀬川
蛸薬師通
新京極通
魚力
入江雑穀店
オ・グルニエドール
錦小路通
かね松老舗
大国屋
永楽屋本店
四条烏丸
からすま
阪急京都線
かわらまち
四条通
四条河原町
池坊短大
しじょう
村上重本店
田中長奈良漬店
綾小路通
からすま
洛央小
仏光寺通
つるや
五条署
日航プリンセス
烏丸通
高辻通
コンビニ
木屋町通
烏丸高辻
アジェ
367
松原通
室町通
東洞院通
32
鴨川
京阪本線
万寿寺通
リッチ
烏丸五条
河原町五条
ごじょう
五条通
五条大橋
1
五条大橋
揚梅通
ごじょう
エフィッシュ
今西軒
富小路通
六条通
六条院小
東本願寺
24
渉成園

河原町
F
京都御苑
河原町丸太町
丸太町通
まるたまち
ダイヤモンドソサエティ
御所南小
富小路通
麩屋町通
御幸町通
寺町通
新烏丸通
新椹木町通
河原町通
鴨川
東洞院通
間之町通
高倉通
堺町通
柳馬場通
やまなか
青葉
柳桜園
村上開新堂
フジタ
二条通
大吉
八百卯
日本銀行
京都市役所
京阪鴨東線
柳池中
ラ・ピエス ツカサ
グリル・アローン
河原町御池
地下鉄東西線
きょうとしやくしょまえ
御池通
ギンモンド
俵屋
ロイヤル
姉小路通
柿野
かつくら本店
三条大橋
三条大橋
河原町三条
さんじょう
三条通
京劇会館
六角通
木屋町通
先斗町通
高倉小
蛸薬師堂
丸寿
蛸薬師通
寺町通
新京極通
高瀬川
錦小路通

百万遍・白川
G
京都工芸繊維大
山端
川端通
しゅうがくいん
北泉通
高野
天天有
コンビニ
疏水分流
障害スポーツセンター
修学院二小
いちじょうじ
北大路通
高野橋
交番
修学院中
蛸虎
104
白川通北大路
北大路通
ホリディ・イン
高野
181
天下一品
下鴨神社
北白川疏水通
ちゃやま
白川通
東大路通
京都造形芸術大
高野川
東鞍馬口通
182
田中
北白川
叡山電鉄叡山本線
もとたなか
北白川別当
御蔭通
養正小
北白川小
京都大学
東龍
農学部
でまちやなぎ
でまちやなぎ
知恩院
百万遍
理学研究科
白川通今出川
今出川通
今出川通
工学部
緑寿庵清水
京都大学
草餐なかひがし
教育学部
京阪鴨東線
第四錦林小
吉田
白川通
精華女子高・中
181
東大路通

京都御所
くらまぐち
下鴨本通
下鴨神社
出雲路
成安女子高・中
烏丸中
賀茂川
室町小
相国寺
葵橋東詰
高野川
葵橋西詰
いまでがわ
同志社大
改進亭総本店
ふたば
上京区役所
同志社女子大・高・中
でまちやなぎ
今出川通
今出川通
賀茂大橋
烏丸今出川
河原町今出川
りんりん堂
武者小路通
32
烏丸通
京都御苑
河原町通
上京中
京都御所
中立売通
精華女子高・中
ブライトン
地下鉄烏丸線
府立医大
京阪鴨東線
ガーデンパレス
鴨川
九里九馬
大宮御所
中立売署
府警本部
鴨沂高
烏丸通
第二赤十字病院
椹木町通
烏丸丸太町
河原町丸太町
まるたまち
丸太町通
丸太町通
ダイヤモンドソサエティ
丸太町 十二段家
まるたまち
車屋町通
東洞院通
間之町通
富小路通
麩屋町通
御幸町通
寺町通
新烏丸通
竹屋町通
室町通
両替町通
御所南小

烏丸御池
入山とうふ店
麩嘉
第二赤十字病院
京都御苑
椹木町通
烏丸丸太町
丸太町通
丸太町 十二段家
ニュー京都
堀川丸太町
まるたまち
竹屋町通
夷川通
油小路通
小川通
西洞院通
釜座通
新町通
衣棚通
室町通
両替町通
車屋町通
東洞院通
間之町通
高倉通
二条城
国際
二條若狭屋
二条通
烏丸通
京の六味
全日空
にじょうじょうまえ
押小路通
367
京都御池
烏丸御池
地下鉄東西線
堀川御池
からすまおいけ
御池通
ガーデン
ギンモンド
姉小路通
二傳
烏丸三条
三条烏丸
三条通
六角通
堀川通
高倉小
38
蛸薬師通
地下鉄烏丸線
黒門通
猪熊通
岩上通
堀川高
油小路通
錦小路通
四条烏丸
四条通
からすま
四条通
阪急京都線
しじょう
四条堀川

二条城
J
丸太町通
朱雀二小
聚楽廻
千本丸太町
堀川丸太町
ニュー京都
朱雀六小
油小路通
二条中
二条城
111
朱雀高
朱雀四小
西ノ京中
国際
全日空
中京中
にじょう
37
にじょうじょうまえ
押小路通
地下鉄東西線
にじょう
杵屋旅館
キムチのミズノ
京都御池
堀川御池
千本三条
二傳
三条通
112
嵯峨野線（山陰本線）
朱雀一小
両洋高・中・小
堀川通
後院通
朱雀中
洛中小
中京区
堀川高
壬生坊城第二
四条大宮
ベンガル湾
東横イン
モリタ屋
阪急京都線
四条通
さいいん
おおみや
さいいん
京福嵐山本線
しじょうおおみや
四条堀川
朱雀第七小
壬生寺
壬生通
大宮通
黒門通
猪熊通
岩上通
醒ヶ井通
御前通
壬生
魚津屋
高辻通
松原中
38
コンビニ
堀川署
朱雀第三小
瑞雲院
市立看護短大
中堂寺
光徳小
9
七本松通
五条大宮
堀川五条
たんばぐち
中堂寺通
櫛笥通
下松屋通
東急

祇園
K
河原町御池
きょうとしやくしょまえ
ロイヤル
河原町三条
三条大橋
さんじょう
ますや
京都文教高・中
東山三条
三条通
さんじょうけいはん
ひがしやま
地下鉄東西線
三条大橋
京劇会館
花見小路通
かね庄
BRASSERIE ITY'S
河原町通
高瀬川
木屋町通
先斗町通
縄手通
竹香
吉加寿
知恩院
永楽屋本店
志る幸
鍵善良房
ぶゝ家
かわらまち
四条通
八坂神社
円山公園
四条大橋
祇園辻利
祇園
しじょう
四条大橋
長楽館
四条河原町
祇園
32
菊乃井本店
祇園甲部歌舞練場
京阪本線
鴨川
建仁寺
高台寺
木屋町通
東大路通
新道小
東山署
八坂の塔
みなとや幽霊子育飴本舗
143
六原小
東山区役所
清水小
洛東中
ごじょう
清水寺
五条通
五条大橋
東山五条
116
1
東山閣

京都駅
L
西本願寺
1
七条堀川
24
東本願寺
渉成園
皆山中
七条通
七条大橋
しちじょう
七条大橋
七条河原町
銀閣
新阪急
鴨川
きょうと
ハトヤ瑞鳳閣
リーガロイヤル
センチュリー
崇仁小
ジェイアール京都伊勢丹
京都
志津屋京都駅店
東海道新幹線
師団街道
新都
京阪
24
高瀬川
近鉄京都線
地下鉄烏丸線
山王小

桂離宮
M
西京極西小
桂離宮
桂大橋
桂大橋
桂小橋
中村軒
隆兵そば
桂川
桂
142
かつら
桂東小

嵐山

N
大覚寺
北嵯峨高
広沢池
嵯峨野
祇王寺
清凉寺
森嘉
大覚寺門前
嵯峨
丸太町通
二尊院
G.S
常寂光寺
さがあらしやま
嵯峨野線（山陰本線）
トロッコさが
トロッコあらしやま
ろくおういん
くるまざき
さがえきまえ
天龍寺
あらしやま
嵐山
桂川
渡月橋
清滝道三条

宇治

O
京都文教大・短大
おおばく
おおばく
萬福寺
五ケ庄
京阪宇治線
JR奈良線
莵道高
241
宇治西IC
宇治川
京滋バイパス
宇治東IC
奈良街道
近鉄京都線
69
立命館宇治高
みむろど
利招園茶舗
京都翔英高
けいはんうじ
小倉
7
ユニチカ
おぐら
宇治上神社
うじ
JRおぐら
平等院

この作品は、『京都人だけが食べている』(二〇〇二年ＷＡＶＥ出版刊)を加筆、修正し、文庫化したものです。なお、本文中のデータは、二〇〇五年一〇月現在のものです。

本文写真／ハリー中西
編集協力／高橋マキ
本文デザイン／盛川和洋